Écoles
et courants littéraires

CURSUS

Écoles et courants littéraires

Yves Stalloni

Sous la direction de Daniel Bergez

ARMAND COLIN

Du même auteur :

Les genres littéraires, Armand Colin, 2008.
Dictionnaire du roman, Armand Colin, 2006.
Les romans clés de la littérature française, Le Seuil, 1998.

Armand Colin est une marque de
Dunod Éditeur, 5, rue Laromiguière, 75005 Paris

Internet : http://www.armand-colin.com
ISBN : 978-2-200-60175-1

Sommaire

Introduction
Des courants et des œuvres : comment définir une « école littéraire » ?

Une composante de l'histoire littéraire

La notion d'école littéraire, ou encore de « mouvement » ou de « courant » (nous aurons évidemment à revenir sur ces questions terminologiques), est indissociable des classifications topologiques et des parcours chronologiques à partir desquels s'organise l'histoire littéraire. Toute réflexion sur les regroupements d'auteurs et d'œuvres doit en effet s'inscrire dans le cadre d'une approche historique dont il faut, au préalable, rappeler le statut fluctuant.

Une hégémonie récente et contestée

On s'accorde à reconnaître que l'histoire littéraire, dont la forme élémentaire se ramènerait au récit de la vie des auteurs, a été une des premières formes de l'enseignement des lettres. Cette pratique aurait, vers le milieu du XVIIIe siècle, conquis le terrain cédé par l'ancienne rhétorique[1] jusqu'à devenir, à partir du milieu du

1. Sur la question des relations entre rhétorique et littérature, on lira avec profit l'essai d'Aron KIBEDI VARGA dont le titre est précisément *Rhétorique et littérature*, Didier, 1970.

XIXe siècle, la part centrale de l'enseignement. On cite parfois, dans cette perspective, l'arrêté ministériel signé de Victor Cousin qui, en 1840, recommande l'inscription de « questions d'histoire littéraire au programme de l'oral du baccalauréat ». Les noms de Villemain, Nisard, Brunetière, Faguet, et, évidemment, Lanson sont à associer à la progressive installation de l'histoire littéraire au firmament des études universitaires en matière littéraire.

Sous l'autorité de ces éminents chefs de file, l'histoire littéraire – et la notion d'*auteur* sur laquelle elle se fonde – devait régenter l'enseignement des lettres jusque vers la deuxième moitié du XXe siècle où, sous l'influence de penseurs plus ou moins ralliés au structuralisme (Lévi-Strauss, Foucault, Barthes en France), on en serait venu à proclamer la « mort de l'auteur », conjointement à l'avènement *ex nihilo* du texte. Cette évolution, toute schématique et contestable qu'en soit la description, a été souvent répétée pour aboutir au constat attristé du déclin de l'histoire littéraire dans les études actuelles de lettres. En 1972, en conclusion à un colloque consacré à la question de l'histoire littéraire, René Pomeau, prononçait un véritable avis de décès : « L'histoire littéraire, la branche la plus ancienne parmi les disciplines littéraires, fait aujourd'hui figure de parent pauvre. »[1]

L'objet n'est pas ici de revenir sur ce discrédit. Plutôt que d'en rappeler imparfaitement les causes, on citerait, pour clore provisoirement le débat, le brillant raccourci d'un avocat véhément qui souhaite justifier la « forme historique » :

> Parce que l'histoire littéraire, précisément, n'a pas d'autre détermination qu'historique, parce qu'elle n'est pas séparable des circonstances de son avènement. Parce qu'elle ne suppose aucun concept de la littérature, parce qu'elle est tout asservie à son enseignement, non seulement supérieur, visant à transmettre un savoir et initier à la recherche, mais secondaire et encore primaire, ambitionnant – pourquoi pas au demeurant ? il n'y a en principe rien là contre – la définition, la propagation d'une mythologie et d'une idéologie, en l'occurrence républicaine et patriote. Parce qu'une histoire littéraire est avant toute chose une idéologie (l'idée d'une littérature nationale), et une idéologie doit en premier lieu être saisie historiquement.
>
> Antoine Compagnon, *La Troisième République des lettres, de Flaubert à Proust*, Seuil, 1983, p. 9.

---

1. « Problèmes et méthodes de l'histoire littéraire », Colloque du 18 novembre 1972, *Revue d'Histoire littéraire de la France*, 1974, p. 194.

Il semblerait que la période de purgatoire soit aujourd'hui dépassée. On a d'abord mesuré les insuffisances et les excès d'une critique exagérément formaliste ou strictement structuraliste. On est prêt à reconnaître, par ailleurs, que l'histoire littéraire ne saurait être limitée à un catalogue de biographies ou à un répertoire de monographies qui ignoreraient tout des œuvres et refuseraient tout jugement de valeur. Une des façons de rendre son lustre légitime à l'histoire littéraire a été de la rapprocher de la pratique dont elle semblait être la rivale inférieure, la *critique*. Dès le début du XXe siècle, Daniel Mornet rappelait les termes du conflit pour tenter de réconcilier l'arrogante mais stérile histoire des œuvres et la laborieuse mais précieuse interprétation des textes :

> Le principe général est qu'il faut distinguer l'histoire littéraire et la critique littéraire. L'histoire littéraire n'est pas plus importante que la critique ; elle n'a même d'importance que si elle conduit à la critique, c'est-à-dire à comprendre, à goûter le beau, et à le distinguer de ce qui est médiocre ou laid.
>
> Cité par Roger Fayolle, *La Critique*, Paris, Armand Colin, 1964, p. 169.

Les trois dernières décennies ont montré la pertinence d'un tel jugement. Les méthodes ont évolué en histoire littéraire, son champ d'investigation s'est étendu, si bien que cette pratique se présente désormais comme un auxiliaire indispensable d'une herméneutique des textes littéraires. Par exemple la critique dite « génétique » (celle qui s'intéresse à la naissance des œuvres), discipline bien actuelle, empiète sur le territoire traditionnel de l'histoire littéraire. La même histoire littéraire pourrait bien également avoir préparé ce qu'on nomme aujourd'hui la « sociocritique », étude qui se propose d'examiner les rapports qu'entretient l'œuvre avec son contexte historique et sociologique ou les retentissements idéologiques qui s'y décèlent. L'histoire littéraire est encore à l'œuvre dans la mise au jour de « formes » littéraires propres à définir des genres, des doctrines esthétiques et, nous allons y venir, des mouvements. Parallèlement la « Nouvelle critique » s'est essoufflée, les luttes d'influence et les querelles partisanes ont laissé la place à une vision plus nuancée où théorie et histoire cessaient de s'ignorer, encore moins de se combattre.

Dressant, vers la fin des années soixante, un bilan peiné de ces querelles de famille, René Wellek et Austin Warren pouvaient regretter : « Le divorce par consentement mutuel entre critique littéraire et histoire littéraire a porté préjudice à l'une comme à l'autre. »[1] Aujourd'hui donc, le couple semble s'être reformé et l'histoire littéraire peut ainsi regagner un peu de son prestige en investissant de nouveaux territoires de recherche.

Les territoires de l'histoire littéraire

Si un courant important de la critique de ces dernières années s'est montré violemment hostile à l'histoire littéraire, c'est sans doute parce qu'il s'en faisait, non sans mauvaise foi ou parti pris, une image caricaturale. Il suffit d'avoir lu un peu sérieusement Lanson, le porte-drapeau de la discipline incriminée, pour mesurer l'intérêt (et la modernité) de l'entreprise :

> Nos opérations principales consistent à connaître les textes littéraires, à les comparer pour distinguer l'individuel du collectif et l'original du traditionnel, à les grouper par genres, écoles, mouvements, à déterminer enfin le rapport de ces groupes à la vie intellectuelle, morale et sociale de notre pays, comme au développement de la littérature et de la civilisation européennes.
>
> Gustave Lanson, *Essais de méthode, de critique et d'histoire littéraire*, édité par Henri Peyre, Paris, Hachette, 1965, p. 43.

On est loin de la plate biographie des auteurs et pas très éloigné, semble-t-il, du vœu de Barthes, le leader du camp adverse quand, après un réquisitoire sévère contre cette « succession d'hommes seuls », il déclare : « L'histoire littéraire n'est possible que si elle se fait sociologique, si elle s'intéresse aux activités et aux institutions, non aux individus. »[2]

Un des meilleurs commentateurs modernes de Lanson, Antoine Compagnon, précise ce que voulait le maître en matière d'histoire littéraire :

> 1. Appliquer les méthodes de l'histoire aux œuvres littéraires pour se dégager de la critique subjective et contrôler les impressions personnelles ;

1. René WELLEK et Austin WARREN, *La Théorie littéraire*, Paris, Seuil, coll. « Poétique », 1971, p. 62.
2. « Histoire ou littérature ? », article de 1960, repris dans *Sur Racine*, Seuil, coll. « Points », 1963, p. 146.

2. Considérer l'œuvre comme un phénomène social.

Antoine Compagnon, *Op. Cit.*, p. 168.

Ainsi à « l'histoire de la littérature » (recueil de monographies chronologiques, centrées essentiellement sur l'auteur), se substitue progressivement une « histoire littéraire » qui serait « mise en relation de la littérature et de la vie sociale » (A. Compagnon, *Op. Cit.*, p. 23).

Ce glissement s'accompagne d'un élargissement des objectifs de la pratique historique appliquée aux lettres. Il ne peut être question de reprendre en détail ici les enjeux et les méthodes de l'histoire littéraire[1]. Disons, pour simplifier, que son objet est à la fois historique, sociologique, critique.

Historique

Fidèle à la discipline dont elle est issue, l'histoire littéraire s'applique aux productions du passé qu'elle souhaite situer dans un contexte (on parle aujourd'hui de *contextualisation*), dans un climat culturel, dans un milieu politique, social, économique. Elle établit une relation entre l'œuvre et l'événement, entre l'auteur et les accidents de sa vie, mais toujours à l'intérieur de ce que Barthes appelle « une séquence de critiques closes »[2]. Elle tente également, dans un effort de généralisation horizontale, de rapprocher entre elles des œuvres de sensibilité ou d'inspiration voisines, d'établir des liens de cousinage qui permettent de dégager des tendances et des courants. C'est dans cette direction « historique » que s'exerce le mieux sa prétention à l'objectivité scientifique héritée du positivisme érudit.

Sociologique

Conformément au désir (pas toujours reconnu) de Lanson, l'histoire littéraire s'attache « à observer la vie humaine inscrite dans

1. On consultera sur ce point, entre autres travaux, les actes du colloque intitulé *Problèmes et méthodes de l'histoire littéraire*, recueillis et publiés par A. Colin en 1974, et le solide essai de Clément Moisan, *Qu'est-ce que l'histoire littéraire ?*, PUF, collection « Littérature moderne », 1987.
2. « Histoire ou littérature ? », Art. Cit., p. 138.

les formes littéraires »[1]. À ce titre, elle étudie le rapport de l'écrivain à son œuvre : conditions de rédaction et de publication, écho dans le public, vie sociale de l'auteur, vie culturelle du livre. L'analyse « sociocritique » moderne, soucieuse de préserver la priorité au texte[2], nous montre néanmoins que la « lecture immanente » peut déboucher sur une « sociologie de l'écriture, collective et individuelle » qui embrasse des domaines divers :

> sociologie des écrivains et des faits littéraires, sociologie culturelle ou sociologie de la connaissance, sociologie de la lecture ou de la réception, mais aussi cette sociologie des médiations qui définit peu à peu ses objets en analysant les appareils et les procédures de légitimation.
>
> Claude Duchet, *La Sociocritique*, Nathan, 1970, p. 4.

Certes, l'histoire littéraire ne se confond pas avec la « sociocritique », mais elle recoupe un certain nombre de ses préoccupations. On ajoutera qu'un des risques qui menace l'histoire littéraire est de se transformer, par le biais du social, en histoire des mentalités, voire des idéologies.

Critique

Pas plus que l'histoire ne se ramènerait à une succession de dates, l'histoire littéraire ne se réduit pas, n'en déplaise à Barthes[3], à la simple chronique des œuvres. L'approche historique suppose toujours un regard critique et personnel sur la matière étudiée. On n'a pas attendu la « Nouvelle histoire » pour admettre que le chercheur en ce domaine ne se contente pas de restituer le fait brut mais l'assortit, ne serait-ce que par l'importance relative qu'il lui accorde, d'une appréciation, voire d'un commentaire.

---

1. G. Lanson, « Les études modernes dans l'enseignement secondaire », p. 179. Cité par Antoine Compagnon, *Op. Cit.*, p. 83. L'idée revient souvent sous la plume de Lanson : « Enfin, l'histoire littéraire s'achève par l'expression des rapports de la littérature à la vie, où elle rejoint la sociologie. La littérature est l'expression de la société », et encore : « Il est impossible en effet de méconnaître que toute œuvre littéraire (et non littéraire aussi) est un phénomène social » (*Essais...*, *Op. Cit.*, respectivement p. 46 et p. 65).
2. Ainsi que le dit Claude Duchet : [La sociocritique] « est lecture immanente en ce sens qu'elle reprend à son compte cette notion de texte élaborée par la critique formelle et l'avalise comme objet prioritaire. » Mais il ajoute immédiatement : « L'enjeu, c'est ce qui est en *œuvre* dans le texte, soit un rapport au monde. », *La Sociocritique*, Nathan, 1970, p. 3.
3. « (...) bref ce n'est pas une histoire, c'est une chronique », Art. Cit., p. 138.

L'« objectivité historique » ne consiste pas à sacrifier l'intelligence critique de l'historien. En histoire littéraire, le classement des œuvres, leur description contextuelle s'accompagnent toujours d'un jugement (implicite ou explicite) de nature axiologique. Même les plus beaux fleurons de la critique « lansonienne » (l'adjectif, à valeur péjorative, trahit l'homme dont il est issu) ne peuvent s'abstenir, traitant « l'homme et l'œuvre », de porter un jugement, de tenter une analyse, un commentaire, bref de se livrer à une approche « critique » – qui prépare éventuellement à d'autres recherches plus strictement esthétiques. On ne peut que souscrire au commentaire de Didier Madelénat : « Province de la critique, l'histoire littéraire est discours sur les œuvres, "métalangage" tenu par des lettrés (...). L'historien littéraire allègue son métier, sa technique, moyens de l'"objectivité" : en littérateur, il ne saurait s'empêcher d'apprécier. »[1]

Ces trois axes ne sont pas loin de recouvrir la « triple relation » analysée par Clément Moisan entre *faits*, *histoire* et *texte* :

> Une première relation : *a) fondatrice* pose les faits au fondement de l'histoire alors que celle-ci fonde le texte. Une seconde relation : *b) herméneutique,* pose l'histoire comme interprète des faits et le texte (de l'histoire) comme interprète de l'histoire. Enfin, une troisième relation : *c) clarificatrice,* pose le texte (de l'histoire) comme décodage de l'histoire et celle-ci comme décodage du fait.
>
> *Qu'est-ce que l'histoire littéraire ?, Op. Cit.*, p. 88.

L'histoire littéraire et les « écoles »

L'histoire littéraire procède, nous l'avons vu, d'une volonté *a posteriori* de mettre de l'ordre dans la matière disparate constituée par la production littéraire d'une période datée. Divers moyens peuvent servir à classer les œuvres : la chronologie,

1. Art. « Histoire littéraire », *Dictionnaire des littératures de langue française*, sous la direction de J.-P. de BEAUMARCHAIS, Daniel COUTY, Alain REY, Bordas, 1987, p. 1111. Cette conception n'a pas été toujours partagée, comme en témoigne ce jugement de Faguet cité par Moisan : « L'historien littéraire doit être aussi impersonnel qu'il peut l'être, il devrait l'être absolument. Il ne doit que renseigner (...). Le critique, au contraire, commence où l'historien finit, ou plutôt il est sur un tout autre plan géométrique que l'historien littéraire. À lui, ce qu'on demande, au contraire, c'est sa pensée sur un auteur ou sur un ouvrage, sa pensée, soit qu'elle soit faite de principe, ou qu'elle le soit de sensibilité. » (*L'Art de lire*, Hachette, 1912). MOISAN, *Op. Cit.*, p. 13.

l'appartenance générique, la communauté thématique, etc.[1] Pour notre propos nous nous limiterons à deux modèles taxinomiques, tous deux fortement imprégnés d'historicité : les siècles, les mouvements et écoles.

Le classement séculaire

La répartition strictement chronologique des œuvres par siècles s'est imposée dans les études littéraires après avoir été en concurrence, un temps, avec une division politique. En effet à l'ère classique on a pris parfois comme référence un règne politique ou monarchique, comme le « siècle de Périclès », la « période des Médicis », ou, comme le fera Voltaire, « le siècle de Louis XIV ». Pour des raisons essentiellement institutionnelles, ces divisions ont été abandonnées au profit du classement séculaire qui satisfait aussi bien aux exigences de l'édition – dans la composition des manuels d'anthologie scolaires – qu'à celles de l'université – dans la conception des programmes et la distribution des chaires d'enseignement. On doit bien reconnaître toutefois que l'insertion dans un siècle se révèle parfois, pour certains écrivains indisciplinés nés à des époques de transition, problématique et arbitraire. Malherbe, traditionnellement rangé dans le XVIIe siècle, a écrit la moitié de ses œuvres avant 1600 et vécut quarante-cinq années dans le XVIe siècle pour vingt-huit dans le XVIIe. Où placer Saint-Simon ? Est-il le dernier des « classiques » ou le premier des « philosophes des Lumières » ? Question qui se pose de la même façon pour Bayle ou Fontenelle, déplacés au gré des divers manuels d'histoire littéraire. La question est assez traditionnelle et les historiens de la littérature l'ont aisément contournée en se fixant des dates charnières qui ne coïncident pas forcément avec l'exact découpage séculaire : on fait finir le XVIIe siècle littéraire avec la mort de Louis XIV en 1715 et commencer le XXe avec l'explosion du premier conflit mondial en 1914.

On perçoit toutefois, à partir de cette banale difficulté, les vrais enjeux de la classification par siècles tels que les souligne Anne

---

1. D'une manière assez complète, Clément Moisan propose cinq « concepts fondamentaux » qui permettent la périodisation : 1) les *siècles* avec leurs *mouvements et écoles*, 2) les *périodes* proprement dites (renaissance, baroque, classicisme, etc.), 3) les *idées* (l'humanisme, le jansénisme, etc.), 4) les *écrivains*, 5) les *genres*. Ce classement est, par certains côtés, contestable, mais son intérêt méthodologique est indéniable. Il nous resservira.

Armand qui réfléchit à leur hégémonie dans l'enseignement secondaire :

> La question qui est posée, en fait, est celle de la justification, pour l'enseignement de l'histoire littéraire, d'un cadre qui lui est extérieur, celui de l'Histoire. (...) Ce qui est en cause ici, c'est la juxtaposition de deux codes de références dont l'un est extérieur à la littérature.
>
> Anne Armand, *L'Histoire littéraire, Théories et pratiques*, Bertrand-Lacoste et CRDP Midi-Pyrénées, 1993, p. 26.

Sans doute faut-il voir dans ces interrogations une des raisons qui ont conduit à imaginer d'autres types de périodisations, plus souples, plus variables, moins directement indexées sur la temporalité.[1]

Les mouvements et écoles

On peut ainsi préférer au repérage par siècles l'attitude qui consiste à regrouper des œuvres en fonction d'affinités historiques et/ou esthétiques. Les « familles » ainsi formées (nous résistons pour l'instant au choix d'une appellation dominante) constitueront un champ d'étude commode qui, bien que dépendant toujours et inévitablement de l'histoire, s'efforcera autant que de décrire un déroulement chronologique, d'analyser une caractérisation de nature « poétique ». Bien entendu, une telle classification n'a rien de scientifiquement irréprochable.[2] Les mêmes problèmes qui ont perturbé le bel ordonnancement de la périodisation séculaire vont se rencontrer ici : délimitation exacte du mouvement, articulation sur l'histoire, simultanéité et interdépendance des écoles ou des courants. D'autres, parmi lesquels au premier chef celui de la définition et de l'authentification du « mouvement », vont se poser.

Le regroupement par écoles ou mouvements a, cependant, l'intérêt de permettre la réintégration de certains auteurs réputés

---

1. Voir par exemple sur ce point la communication de Pierre Orechioni qui suggère avec pertinence : « Je crois que pour rendre compte de ces difficultés, de ces glissements, il faut faire intervenir ici la sociologie de l'institution littéraire elle-même (…). Les critères de la périodisation doivent être, me semble-t-il, variables (…). » « Dates-clés et glissements chronologiques », *Analyse de la périodisation littéraire*, 1972, p. 29, cité par Moisan, p. 127.
2. « La périodisation par mouvements subit elle aussi une distorsion. » Anne Armand, *Op. Cit.*, p. 36.

mineurs ou inclassables à l'intérieur d'ensembles approximativement homogènes ; avec la part d'arbitraire que comportent certains de ces rapprochements. Par exemple, d'Urfé sera parfois classé dans les *Précieux*, alors qu'ailleurs il aura sa place dans les *Burlesques* ; Cyrano, étiqueté, lui, « burlesque », est assez proche des *Baroques*. Est-on tout à fait fondé à regrouper Guez de Balzac, La Rochefoucauld, Retz sous le titre de « moralistes » ?[1] Le point important à retenir, pour l'instant, est la franche appartenance du classement par « écoles » aux procédures d'histoire littéraire et la légitimité opératoire, au moins à des fins pédagogiques, d'une telle démarche, conforme, en somme, au vœu de Lanson :

> Partout où il n'y a pas à suivre le développement d'un genre, d'une précise forme d'art et même le plus souvent, il faut s'attacher à la chronologie. C'est le fil directeur qu'il faut rompre le moins possible.
>
> G. Lanson, *Histoire de la littérature française*, Avant-Propos, Hachette, 1951, p. XV.

À l'entrée générique, qui permet, dans la description littéraire, de transcender la chronologie[2], se substituera, ou mieux s'ajoutera, l'entrée « périodique » qu'il reste à cerner.

La notion d'« école littéraire »

Autant l'admettre tout de suite, la notion d'école ou de courant littéraire n'est pas aisée à définir et n'a d'ailleurs guère suscité de réelle recherche théorique. Il est vrai que sous ces étiquettes de convention on a pris l'habitude de ranger des réalités suffisamment dissemblables pour décourager toute description typologique. Pourtant, sans vouloir transformer ce chapitre en essai de recherche, l'interrogation sur la notion paraît nécessaire pour relativiser les classements, assouplir la mécanique taxinomique,

1. Avec une certaine dose d'humour, Gustave Lanson exprimait ses réserves sur ces regroupements trop commodes : « J'ai cherché le moyen d'éviter ces chapitres-tiroirs où l'on déverse tout le résidu d'un siècle, ces défilés de noms, d'œuvres et de talents incompatibles auxquels on est ordinairement condamné lorsqu'on a étudié les genres fixes et définis. » *Histoire de la littérature française*, *Op. Cit.*, p. XV. On verra que le grand critique n'a pas totalement réussi son pari.
2. Sur la question des genres littéraires, on consultera : Yves Stalloni, *Les Genres littéraires*, 2e édition, Armand Colin, coll. « 128 », 2008.

imposer la prudence et l'humilité – et indiquer les orientations du présent ouvrage.

La question de la dénomination

Le premier problème qui se pose à nous est évidemment de nature terminologique, et la question, loin d'être étroitement formelle, est essentielle aux délimitations épistémologiques. Sans prétention à l'exhaustivité, un recensement rapide nous a permis d'isoler plus d'une vingtaine de noms qui peuvent, à des titres divers et avec plus ou moins de pertinence, servir à nommer de façon générique un regroupement historique d'œuvres et/ou d'auteurs. Nous les donnons dans l'ordre alphabétique : *académie*, *arsenal*, *atelier*, *cénacle*, *cercle*, *champ*, *chapelle*, *club*, *collectif*, *compagnie*, *coterie*, *courant*, *école*, *équipe*, *famille*, *génération*, *groupe*, *mouvement*, *ouvroir*, *phénomène*, *tendance*. L'abondance lexicale, loin de nous aider, complique la tâche.

Chacun aura toutefois reconnu dans cette liste des termes plus usités que d'autres et, parfois – sans qu'ils soient toujours les mêmes – plus adéquats à l'objet qu'ils veulent désigner. Il semblerait que de ce corpus se dégagent deux catégories qui permettraient de fournir empiriquement une première ébauche de tri au moyen de la notion (elle-même assez floue) de « structuration ». On pourrait distinguer en effet d'un côté des mots affectés à des groupes quasi officiellement constitués, c'est-à-dire reposant sur une réalité institutionnelle ou fonctionnelle, et vaguement organisés à des fins d'identification esthétique, historique, sociale, que cette identification soit le fait des intéressés ou des historiens de la littérature ; d'un autre coté des termes recouvrant des ensembles moins stables, moins bien délimités, moins chargés de références mais que l'usage a consacrés. Cette première division, pour s'en tenir à deux étiquettes admises, opposerait, dans un ordre de structuration descendante, l'*école* au *courant*. Cette distinction importante mérite d'être détaillée.

L'école

Le mot renvoie d'abord à une structure géographique, puisque, si l'on en croit le *Dictionnaire de la langue française* Le Robert, l'école désigne « tout établissement dans lequel est donné un enseignement collectif » ; définition qui ajoute à l'idée de localisation celle de pluralité (« collectif ») parfaitement adaptée à notre notion. À partir de ce premier sens, en découlent d'autres dont celui, plus pédagogique, de regroupement autour d'un contenu d'enseignement ou d'un magistère savant : « Ensemble des disciples d'un maître », ajoute le dictionnaire Le Robert et, dans la même direction, « Personnes qui ont la même doctrine. »

On comprend aisément en quoi l'école littéraire, au sens strict du terme, incorpore le degré maximum de structuration – même si l'utilisation du terme dans des contextes variés affadit cette caractéristique. Par exemple, la différence en extension est perceptible entre les expressions « École d'Alexandrie », ou « École de Francfort », et l'« École païenne » définie par Baudelaire pour répondre à Banville, Gautier, Leconte de Lisle. De même, les deux syntagmes l'« École de Platon » et l'« École de Michel-Ange » ne sont pas identiques, le premier désignant un groupe constitué autour du chef de l'Académie, le deuxième pouvant s'appliquer à des épigones travaillant dans le style du maître florentin. On dira d'ailleurs dans ce sens, pour souligner une communauté de choix esthétiques : « École flamande », « École impressionniste ». Ces réserves, qui confirment l'imprécision sémantique de ce domaine, ne doivent pas nous empêcher de reconnaître au mot « école » un sens plus étroit, plus technique et mieux définissable par des moyens historiques ou esthétiques.

Le courant

Cette appellation concurrente, elle aussi appliquée à la littérature, est particulièrement imprécise. Sans évoquer ici le « courant d'air » réputé insaisissable et fugitif, on peut reconnaître que le mot connote l'idée de fluidité, d'instabilité héraclitéenne et semble être, à ce titre, un défi aux classifications historiques. Le Robert part évidemment du sens concret : « Mouvement orienté dans une direction, en parlant de l'eau, d'un liquide. » Il faut chercher un moment dans le grand *Dictionnaire alphabétique et analogique de la langue française* pour découvrir, au registre des acceptions figurées ou spécialisées, les occurrences qui nous intéressent : « Un courant de pensée, d'idées, un courant de la science, un courant historique. » Manifestement le « courant littéraire » (qui n'est pas mentionné) relève de ce sens qui nous renvoie aux corrélats lexicaux : « Mouvement, course, marche, progrès. »

La dominante est donc claire : ce qui est désigné ici n'est pas un groupe institué avec règles et méthodes, mais une direction, un flux transhistorique et dynamique que l'on peut tenter de saisir mais qui, par définition, reste en mouvement. C'est là qu'il convient de s'intéresser précisément à cet autre terme emprunté à la science physique et qui apparaît également pour désigner des ensembles littéraires : le **mouvement**. Le rapprochement avec le « courant » semble s'imposer, sauf qu'en littérature le mouvement serait plus proche du mot rival, école. En effet un « mouvement littéraire », sans être aussi structuré qu'une école, définit un groupe homogène et repérable chronologiquement. Tout naturellement, d'ailleurs, à l'entrée « mouvement », Le Robert consacre une place consistante aux acceptions particulières du mot, donnant pour le groupe nominal « Un mouvement » deux définitions, l'une littérale, l'autre extensive : « Action collective (spontanée ou dirigée) tendant à produire un changement d'idées, d'opinions ou d'organisation sociale », et dans ce sens est cité comme exemple « le mouvement humaniste ». Plus loin : « Organisation, parti qui déclenche, dirige ou organise un mouvement social », par exemple « le mouvement fasciste ».

On perçoit le glissement de sens qui fait passer d'un agissement limité dans le temps à un groupement plus ou moins stabilisé fédéré autour d'objectifs communs. Le Robert cite une phrase d'André Thérive censée illustrer le deuxième sens mais dont on mesurera l'ambiguïté : « Ces termes supposent que l'action prime la théorie. » On aurait pu penser le contraire. Toujours est-il que, à propos du « mouvement », suivant qu'on privilégie la force révolutionnaire orientée vers une action destinée à forcer un passage ou ouvrir des directions, ou bien la structure (elle aussi révolutionnaire) organisée et saisie dans sa dimension théorisante et fédératrice, on se rapprochera ici de « l'école », là du « courant ». Ce qui n'est pas fait pour nous simplifier la tâche. Et ce n'est pas la courageuse tentative de définition de Charles Bruneau, cité par Le Robert, qui pourra clarifier le débat :

> J'appelle mouvement, dans l'ordre intellectuel et artistique, une tendance organisée, de caractère révolutionnaire. Le mouvement peut s'étendre à toute une *génération*.
>
> *Histoire de la langue française*, tome XIII, p. 198, note 2.

En somme, suivant que la « tendance » sera plus ou moins « organisée », la notion considérée changera de sens.

Les autres mots

Les choses seraient encore acceptables si l'usage s'était limité à deux, voire trois mots – bien que nous ayons vu les difficultés liées au terme de *mouvement*. Mais, sans doute parce que ces mots ne correspondaient pas vraiment à la nature du lien qui les rapprochait, les littérateurs (et derrière eux les historiens de la littérature) ont utilisé pour se désigner des étiquettes multiples qui joignaient souvent la fantaisie à l'arbitraire. Tout le monde sait par exemple que les représentants du « Nouveau Roman » ont refusé de se considérer, à juste titre semble-t-il, comme une « école ». Vu que pour une production s'étalant sur moins de vingt ans, il est en outre difficile de parler de « mouvement » et encore moins de « courant », on comprend l'embarras des commentateurs.

Ainsi que nous aurons l'occasion de le montrer dans la suite de cet ouvrage, les appellations consacrées sont souvent incertaines ou impropres pour des raisons qui tiennent aux étiquettes elles-mêmes. Si le mot « académie » est assez codifié par l'usage pour renvoyer à une institution reconnaissable, il est plus difficile de circonscrire un « phénomène », terme qui semble renvoyer plus à une classification générique ou esthétique qu'historique. Certains des mots parfois employés sentent le militantisme agonistique (arsenal, brigade, équipe), d'autres la communion esthétique (atelier, cénacle), d'autres la sociabilité amicale (cercle, club). Le titre revendiqué (ou attribué) n'est pas indifférent. Loi qui en appelle une autre : aucun courant (ou école, mouvement, etc.) n'est semblable à un autre et chacun mérite une approche (donc une étiquette) spécifique. L'effort taxinomique pour englober la matière variée des ensembles littéraires dans des cadres précis s'oppose ainsi à une résistance redoutable : celle de l'indécision de son objet.

Les critères de classement

La seule façon de dépasser l'aporie est, au rebours des procédures scientifiques habituelles, de négliger la question de la dénomination et de tenter, à partir d'un ensemble disparate dont on aurait convenu qu'il regroupe *à peu près* des réalités voisines, d'établir une typologie prudente susceptible de nous fournir, sinon une solide base de recherche, du moins un commode canevas opératoire. Nous proposons donc de retenir comme éléments constitutifs d'une école, d'un mouvement ou d'un courant littéraires six critères :

Une contiguïté chronologique. Un certain nombre d'œuvres comportant entre elles des parentés ou des affinités ont été produites dans une période donnée, délimitée, le plus souvent, par des dates-repères constituées d'événements historiques ou artistiques. On admet, par exemple, de circonscrire le Romantisme entre la parution de *René* (1802) et l'échec des *Burgraves* (1843).

On devine que cette loi chronologique soulève plusieurs questions. Par exemple : comment fixer infailliblement des frontières datées qui ignoreraient les origines d'un mouvement et ses rémanences ? Pour le Romantisme, négligera-t-on ce qu'il est convenu d'appeler le « Préromantisme » ? Délaissera-t-on les manifestations tardives et « post-romantiques » de la deuxième moitié du XIXe siècle ? À partir de quelle étendue temporelle (mesurée en années, en lustres, en décennies ?) un mouvement reçoit-il son autonomie ? Le « libertinage », qui se met en place dès la première moitié du XVIIe siècle et court sur tout le XVIIIe siècle, peut-il prétendre constituer un « mouvement littéraire » ?

Une convergence d'inspiration et de forme. Les œuvres rassemblées dans un même mouvement doivent entretenir entre elles une relation de voisinage pertinente. Que cet effet soit le résultat d'une concertation ou d'une coïncidence, des similitudes, des affinités doivent être perceptibles entre les diverses productions considérées. À propos du « Nouveau Roman », par exemple, seront identifiés certains signes de reconnaissance : refus de l'intrigue traditionnelle, dissolution du personnage et de sa psychologie, invention d'une forme nouvelle reposant, parfois, sur une objectivité froidement descriptive, soubassement mythologique diffus, etc. Ce seront en somme là les « lois » qui authentifient le mouvement et en justifient l'étude.

Une élaboration théorique et conceptuelle. Cette loi souffre d'importantes exceptions et permettrait d'établir une ligne de partage entre les champs voisins que nous avons déjà essayé de différencier et qui ont pour nom « mouvement » et « école », la seconde étant toujours plus théoricienne et concertée que le premier. On peut parler d'école à propos de la Pléiade ou du groupe de Médan, quand divers créateurs s'engagent délibérément autour d'une charte, réelle ou virtuelle. La plupart des « mouvements » littéraires ou « courants » (Classicisme, Baroque, Préciosité, Romantisme, Nouveau Roman...) semblent échapper à ce principe. En revanche, l'école (mais le mouvement aussi parfois) aime à sacrifier à une volonté théoricienne. Elle parvient à délimiter son territoire au moyen de textes fondateurs dont l'objet est autant de clarifier des intentions que de faciliter une allégeance. Les romantiques ont aimé à s'expliquer dans des préfaces à valeur de programme. Le Surréalisme s'est appuyé sur les manifestes de Breton ; les auteurs du Nouveau Roman ont formulé leurs exigences et leurs refus dans des textes théoriques (*L'Ère du soupçon* de Nathalie Sarraute, *Pour un nouveau roman* de Robbe-Grillet, *Essais sur le roman* de Butor). Ionesco a largement explicité ses vues sur le théâtre dit « de l'absurde » dans des essais théoriques (*Notes et contre-notes*).

Un chef emblématique. L'« école » ou le « courant », qui pourraient aboutir à dissoudre la notion d'« auteur », retrouvent les voies de la personnalisation en s'incarnant dans une figure charismatique. La Pléiade (mi-école, mi-regroupement amical) se réunit autour de Ronsard ; Zola est l'incontestable maître du Naturalisme ; le nom de Gautier domine le Parnasse comme celui de Mallarmé le Symbolisme et celui de Breton le Surréalisme. On est même en droit de penser (avec des nuances) qu'une école souvent, un mouvement parfois, n'est que l'expansion d'une individualité forte. Un créateur innovant et écouté attire autour de lui disciples et épigones qui partagent ses vues, les appliquent et les répandent : ainsi de l'« Esprit nouveau » avec Apollinaire ou de l'« Unanimisme » avec Jules Romains.

Un lieu de rencontre. Là non plus, la règle n'est pas absolue. Et pourtant, on note que fréquemment le « mouvement » suppose une conjonction dans l'espace géographique ou sociologique. Les sept poètes de la Pléiade se retrouvent d'abord au collège de Coqueret à Paris ; la Préciosité trouve son terrain d'expression dans les salons, et en particulier dans celui de l'hôtel de Rambouillet où « l'incomparable Arthénice » reçoit les beaux esprits. Le Romantisme français s'est largement constitué dans les cénacles, celui de Charles Nodier d'abord (l'Arsenal) puis ceux de Hugo, de Delécluze, des de Broglie ; l'« Existentialisme » (en supposant qu'on fasse de cette philosophie un courant littéraire) serait moins identifiable sans Saint-Germain-des-Prés. On a même parfois défini une école par un toponyme : l'« École lyonnaise », « le Groupe de Coppet », le « Groupe de Médan », le « Foyer poétique belge », « l'École de Rochefort »… Quant au Nouveau Roman, on a parfois dit que le véritable ciment en était… une maison d'édition, celle de Jérôme Lindon, les Éditions de Minuit.

Une appellation identifiable. Il en est des écoles littéraires ce qu'il en est des êtres : l'attribution du nom doit attester une existence. En règle générale, en effet, l'adoption d'une étiquette a valeur d'acte fondateur et on ne devrait pas parler d'école littéraire là où ne s'impose pas un nom reconnu et admis. Ce qui se vérifie par la négative avec des contre-exemples d'écoles non réellement constituées, et pourtant retenues dans notre corpus, comme l'Humanisme – pour lequel le mot ne s'impose qu'*a posteriori* et n'a aucune valeur fédératrice – ou les Lumières, terme qui qualifie plus une époque et ses engagements qu'un regroupement littéraire. À l'inverse, on a vu des écoles, ou prétendues telles, qui, plutôt que de se définir par un faisceau d'œuvres, se sont limitées à un nom de baptême, tels les *Hirsutes* ou les *Hydropathes* dans le dernier tiers du XIXe siècle. L'importance du nom repose sur une nécessité de lisibilité et de reconnaissance. Même, et peut-être surtout, quand ce nom relève du défi, comme ce fut le cas, en peinture, pour les appellations « Réalisme » ou « Impressionnisme ».

Ce rapide inventaire appellerait bien des commentaires, des compléments, des amendements. Il va de soi qu'aucun mouvement littéraire, aucune « école » ou « courant » ne remplit absolument et en totalité les diverses conditions exprimées ici. Certains regroupements, parmi les plus traditionnels (le Burlesque, le Classicisme, le Réalisme...) semblent même échapper à l'ensemble des critères et seraient justiciables d'autres signes d'identification. Aucun d'entre eux ne préjuge donc de la spécificité de chaque famille considérée. Ils nous aident pourtant à comprendre les raisons objectives de leur sélection dans un corpus limité et préparent aux axes de l'étude interne de chacun d'entre eux.

Les passages obligés

L'entreprise qui s'inaugure ici se fondant sur une série de conventions (la terminologie, le découpage, la périodisation...)[1], il ne paraît pas déplacé d'en ajouter une autre en énonçant

1. Il ne faudrait pas se scandaliser de cette désinvolture scientifique à laquelle les spécialistes des études littéraires semblent habitués sinon condamnés. Plusieurs d'entre eux ont fait remarquer que la littérature était l'un des seuls domaines de recherche (pour ne pas dire science) qui se développe sans avoir au préalable clairement défini son objet et ses limites.

quelques orientations traditionnelles de l'étude d'une école[1] littéraire. Il semble que toute étude d'une école soit amenée à faire intervenir deux approches complémentaires, concomitantes mais dissociées, souvent pour d'évidentes raisons méthodologiques : l'approche historique et l'approche esthétique.

L'approche historique. Elle s'efforce de décrire précisément la vie interne du mouvement, ainsi que ses rapports avec l'environnement politique, social et culturel. Le schéma canonique observe traditionnellement trois temps : naissance, développement ou apogée, déclin. Étapes qu'on peut baptiser prémouvement, mouvement, postmouvement (comme on le fait pour le Romantisme). Le triptyque fonctionne lui-même suivant un renouvellement lié au jeu des actions/réactions. À l'intérieur peuvent encore s'établir des subdivisions et des sous-périodisations qui s'appuieront sur des dates-repères, sur des événements-clés. La pratique descriptive est donc assez conforme à celle de l'histoire.

L'approche esthétique. À cette première lecture s'en ajoute une autre de nature plus étroitement littéraire qui souhaite déceler les règles esthétiques dominantes de l'école. Ce moment se nourrira de l'appareil conceptuel ou théorique fourni par les membres de l'école : les manifestes, les arts poétiques, les préfaces, les proclamations. S'y trouveront parfois quelques développements spécifiques à propos d'un auteur ou d'œuvres particulièrement représentatifs.

La combinaison des deux approches était déjà signalée par Paul Valéry dans un texte assez connu :

> Depuis quatre siècles, l'évolution de nos arts procède par écoles successives, actions, réactions, manifestes et pamphlets. Nous aimons que les nouveautés s'expliquent et que les traditions se défendent ; toute une bibliothèque de proclamations et de théories accompagnent de leur raisonnement la création successive des valeurs.
>
> « Pensée et art français », *Regard sur le monde actuel*, Gallimard, « Idées », p. 220.

La délimitation du corpus

Reste, dernière question non négligeable, à nous entendre sur la nature et la délimitation exacte du corpus. Quels écoles et cou-

1. Le mot « école », sans précision particulière, nous servira à désigner ici tout regroupement littéraire remplissant tout ou partie des critères retenus. Il ne saurait contenir une restriction technique quant au champ d'investigation.

rants méritent de faire l'objet d'une notice indépendante ? Quels autres ne sont que des épiphénomènes conjoncturels simplement dignes d'une mention ? Dans ce domaine encore l'usage suppléera à la règle. Car si l'on devait recenser tout ce qui, peu ou prou, ressemble à une école, ce n'est pas vingt mais quarante, quatre-vingts noms que nous devrions retenir. Tout club local de pratique poétique, tout atelier d'écriture pourrait prétendre figurer au palmarès des écoles.

Les maîtres de l'histoire littéraire ne nous aident guère. Si, pour ne prendre qu'un exemple, on s'attache aux différentes entrées retenues par Gustave Lanson pour son *Histoire de la littérature française*, on constate divers flottements. Par exemple, pour le XVIe siècle, l'auteur, pourtant peu suspect de s'accommoder du bricolage, divise son propos en six livres qui mélangent les périodisations historiques et les rapprochements esthétiques : successivement « Renaissance et Réforme avant 1535 », « Distinction des principaux courants », « Poésie érudite et artistique », « Guerres civiles », « Conflits d'idées et de passions », « Transition vers la littérature classique. » Nous avons également la surprise pour le livre 2 de cette partie (« Distinction des principaux courants ») de voir figurer trois chapitres, l'un consacré à un vrai « courant », les traducteurs, les deux autres à des auteurs : François Rabelais et Jean Calvin. Et si l'on affine encore, on note dans la rubrique « Traducteurs » la présence, normale, d'Amyot, et celle, plus étonnante, de La Boétie. Or si l'ami de Montaigne mérite de trouver place dans une histoire de la littérature c'est moins par ses traductions de Xénophon que par son *Discours de la servitude volontaire* – dont Lanson reconnaît le mérite et qu'il présente, sans doute parce que la cohérence de son classement y gagne, comme étant une presque traduction : « Le *Contr'Un* [autre titre, d'ailleurs impropre, de l'œuvre], s'il n'est pas une traduction, est un écho : on y voit la passion antique de la liberté. »[1] Même anarchie pour les siècles suivants qui voient apparaître au XVIIe siècle des catégories curieuses comme « Attardés et égarés » (où, à côté de Maynard, Racan, Mlle de Scudéry ou Scarron, figure un inattendu d'Aubigné),

1. *Histoire de la littérature française, Op. Cit.*, p. 271. L'article consacré au *Discours* est d'ailleurs révélateur des contradictions de la lecture : le texte est tantôt présenté comme un simple exercice de rhétorique « rien de plus innocent que ce pastiche » (c'était déjà la position de Sainte-Beuve), tantôt comme un brûlot subversif, « un manifeste de révolte et de sédition ».

ou les « Mondains » (La Rochefoucauld, Retz, Mme de Sévigné) et au XVIIIe un « courant littéraire » limité à une unité : « Un retardataire : Saint-Simon ».

Difficile de s'y retrouver dans ce désordre et cette liberté. Par chance, pour le XIXe siècle, auquel Lanson appartient, les écoles ont eu la bonne idée de clairement se mettre en ordre grâce à une triade rassurante : le Romantisme, le Naturalisme, l'épopée symboliste. Au passage on s'interroge sur la dernière appellation et sur l'absence du Réalisme et du Parnasse. Anne Armand, qui s'est livrée à une étude minutieuse des manuels en usage dans l'enseignement secondaire, montre que « la classification dans l'histoire littéraire repose sur des principes multiples et mêlés »[1]. Elle relève dans le même manuel (qu'elle s'interdit de juger) des périodisations parallèles qui relèvent respectivement de l'histoire (le siècle de Louis XIV), d'un genre (le temps des poètes), d'une esthétique (les contradictions du baroque), d'un courant (le courant libertin), d'une idée (la pensée religieuse), d'un auteur (les rivaux de Racine), etc. En somme, quand il s'agit de présenter la succession des œuvres constitutives de l'histoire de la littérature, chacun est à peu près libre d'inventer les catégories de son choix.

Reconnaissons cependant que de cette anarchie taxinomique se dégagent des dominantes – et d'ailleurs plus en matière de mouvements et d'écoles que de périodisations sub-séculaires. C'est ce palmarès empirique qui peut légitimer la constitution d'un corpus d'étude. Dans la liste abondante et ouverte des écoles peut sans trop de risque s'opérer une sélection sur la base des indices de notoriété ou de citation comme disent les sociologues, qui fournira les grandes lignes d'une table des matières acceptable. La subjectivité, inévitable dans ce genre d'entreprise, est donc corrigée par la tradition. Entre le « Décadentisme » et le « Club des Hydropathes » ou des « Hirsutes », il n'est finalement pas si difficile de choisir. À côté des planètes incandescentes que constituent les grands mouvements, se distingue le clignotement atténué des constellations hésitantes. Les premières auront droit à un chapitre complet et tireront de l'ombre les secondes évoquées occasionnellement. Le tout, évidemment replacé dans l'immuable ordre chronologique.

C'est ainsi que se présenteront les chapitres qui suivent, dont l'objectif essentiel reste de fournir un instrument simple et syn-

1. *L'Histoire littéraire, Théories et pratiques*, *Op. Cit.*, p. 31.

thétique pour aider au repérage et à l'étude des mouvements majeurs de la littérature française.

Un choix typographique

Dernier détail avant de passer à l'inventaire des grands mouvements littéraires français. Les divers intitulés des écoles et courants méritent-ils d'être présentés avec une majuscule, ce choix typographique revenant à leur conférer une forme de noblesse officielle ? La réponse n'a rien d'absolu ni de tranché. L'usage le plus courant consiste même à parler plutôt du « romantisme » ou du « surréalisme » en faisant l'économie d'une initiale trop voyante. On hésite sur le « classicisme », suivant qu'on pense qu'il s'agit d'une inclination du goût qui transcende les époques ou qu'on doive désigner par cette étiquette une tendance esthétique circonscrite au Grand Siècle. En revanche, il est plutôt généralement admis d'écrire la Pléiade avec un grand P (l'école, en ce cas, est réellement constituée) et nous verrons qu'Oulipo devrait s'écrire OuLiPo.

On voit que la question de la majuscule n'est finalement pas si secondaire qu'il y paraît. Dans un souci d'harmonisation, pour éviter toute équivoque (entre l'humanisme d'un écrivain ou d'une époque et le mouvement appelé Humanisme, par exemple, entre un nouveau roman et la famille littéraire nommée Nouveau Roman), pour conforter aussi le statut des rubriques choisies et accréditer le principe des « écoles », nous avons décidé de généraliser l'emploi de la majuscule. On n'est pas forcément tenu d'observer cette règle, mais la promenade dans le monde des lettres devient moins erratique si elle est orientée par un balisage clair. Ne répugnons pas aux aides pédagogiques, quand elles ne trahissent aucune vérité.

Moyen âge

Les Troubadours

Le Moyen âge ignore la notion de « mouvement littéraire », mais, sans lui donner tout à fait le sens moderne, n'ignore pas ce que nous appelons « littérature », nous ayant laissé un certain nombre d'œuvres écrites qui méritent la considération. À ce titre, il nous a paru légitime que cette riche période, longtemps tenue en un relatif mépris, puisse être représentée dans un ouvrage se fixant pour but de décrire, à travers des regroupements d'idées ou de créateurs, l'histoire littéraire de notre pays. Les troubadours, sans constituer à proprement parler une « école », semblent préfigurer les futures familles d'auteurs, structurées, officielles ou pas, qui vont se succéder au cours des siècles.

La notion de troubadour

Une bonne définition du troubadour nous est donnée par un historien du Moyen-âge, Henri-Irénée Marrou : « Nous désignons par ce mot les poètes et musiciens, originaires presque tous de la moitié sud de la France, qui, utilisant un dialecte littéraire de la langue d'Oc, ont été les initiateurs de la poésie lyrique – entendez : effectivement chantée – en langue vulgaire dans l'Europe du Moyen Age.[1] » Certains critères méritent d'être clairement dégagés, d'autres ajoutés :

1. Henri-Irénée Marrou, *Les Troubadours*, Seuil, « Points-Histoire » 1971, pp. 11-12.

– autant que poètes, les troubadours sont chanteurs et musiciens, comme l'étaient souvent les poètes de l'Antiquité ;

– la langue utilisée dans leurs œuvres est la langue d'oc, celle parlée dans le sud de la France ; les troubadours sont eux-mêmes originaires de cette région ;

– leur rayonnement déborde les frontières pour s'étendre à la Catalogne, l'Italie du Nord ou au Portugal ;

– les troubadours, ajoute Marrou, « ont mis leur art au service d'une nouvelle conception de l'amour qui a profondément modelé la structure de la psyché moderne[1] » ;

– le mot « troubadour » vient de l'occitan *trobador*, c'est-à-dire celui qui trouve, qui compose le texte et la musique ;

– l'activité des troubadours s'est étendue au cours des XIIe et XIIIe siècles.

Il convient de distinguer le troubadour du *jongleur* (*joglador*), le premier étant l'auteur, le second l'interprète. Le jongleur est un homme de spectacle, un bateleur, un saltimbanque itinérant se livrant à divers tours ou effets. Le *ménestrel* (mot de langue du nord) est un jongleur employé à temps plein par un seigneur. L'équivalent du troubadour pour la partie nord de la France se nomme le *trouvère* qui compose en langue d'oïl. L'œuvre des trouvères, est, quant à l'esprit et à la forme, comparable à celle des troubadours.

Les troubadours, qui se produisent dans des châteaux parfois modestes, ne constituent pas un groupe homogène ni « une corporation avec des règles établies, un costume et des insignes, un rituel[2] ». Ils appartiennent à des catégories sociales variées, de l'aristocratie à la bourgeoisie et même au monde rural. Dans tous les cas, l'activité du troubadour est d'essence féodale, en totale dépendance de la cour seigneuriale qui l'emploie.

La fin'amor et la canso

Le sujet des chants des troubadours est, quasi exclusivement, l'amour, un « amour sublimé » que l'on appelle *fin'amor*. Alors que l'ordre féodal place la femme, qu'elle soit séductrice ou maternelle, sous l'autorité de l'homme, la poésie des troubadours imagine une totale inversion des valeurs. La femme, devenue

1. *Ibid.*, p. 12.
2. Geneviève Brunel-Lobrichon et Claude Duhamel-Amado, *Au temps des troubadours, XIIe-XIIIe siècles*, Hachette, 1997, p. 8.

dame (*domna* en occitan, du latin *domina*, « maîtresse ») se substitue à l'homme dans la hiérarchie. Elle devient suzerain, alors que le mâle joue le rôle de vassal. Le troubadour se place au service de la dame, rendant hommage à ses mérites, vantant ses charmes et exprimant son allégeance. Il est l'énonciateur du poème ; elle en est la destinataire. Sans apparaître de manière réelle et concrète, puisque l'éloge et l'appel amoureux se situent au niveau symbolique, abstrait. Cet amour idéalisé est encore appelé *courtois*, en raison de son appartenance à la vie de cour.

Le plus souvent la dame reste inaccessible, soit en raison de l'interdit social (elle est noble), soit à cause de la règle morale (elle est mariée). Le désir reste donc à l'état de rêve, d'une simple expression poétique : « La grande découverte des troubadours, c'est que l'amour peut être autre chose, ou plus que le fleuve de feu, la flamboyante concupiscence de la chair[1]. » Le culte de la chasteté n'empêche pas les allusions sensuelles et les évocations érotiques, favorisées par un décor végétal suggestif, comme dans ces vers de Marcabru :

En un vergier sotz fuelha d'albespi
Tenc la dompna son amic costa si [...]
Bels doux amics, baizem nos, eu e vos
Aval els pratz on chate'ls auzellos...

« En un verger, sous l'aubépin feuillu/Tient la dame son ami contre soi [...]. Beau doux ami, baisons-nous, moi et vous / Dans la prairie où chantent oisillons. »

Si l'amour est l'objet d'une célébration lyrique c'est qu'il entraîne avec lui des valeurs élevées : le sens de l'honneur, la bravoure, la hauteur morale, la générosité, l'humilité, le *Joi*, terme intraduisible qui n'est pas la simple « joie », ni le plaisir, mais une sorte de grâce supérieure. Il entre là quelque chose de mystique, de magique même. « L'Amour était à la fois ce qui révélait chez l'homme les vertus de l'âme, et ce qui les développait.[2] ». Parfois les troubadours introduisent une distinction ternaire entre un amour pur, un amour mixte et un amour charnel. Mais les deux premiers degrés ne sont jamais clairement explicités.

La forme poétique utilisée par les troubadours reçoit le nom de *canso* (chant d'amour). La structure de ce chant est assez com-

1. H.-I. Marrou, *op. cit.* p. 151.
2. *Les Troubadours,* recueil de textes présentés et traduits par René Lavaud et René Nelli, T. II : L'œuvre poétique, p. 15.

plexe, composé le plus souvent de quatre à six strophes (*coblas*) conclues par un envoi (*tornada*). Le nombre de vers par strophe et les mètres sont variables. D'autres genres, poèmes satiriques ou religieux, peuvent se rencontrer. Certaines hypothèses ont souhaité voir, derrière la *dame*, une entité mystique qui justifierait un rapprochement des troubadours avec le catharisme. Interprétation persistante mais à recevoir avec prudence.

Les principaux troubadours

On estime généralement que nous a été conservé à peine le dixième de la production des troubadours. Diverses anthologies nous permettent d'avoir accès aux textes dans leur langue originale et en traduction. Celle due à René Lavaud et René Nelli accorde une place à part aux œuvres narratives et épiques illustrant ce qu'ils nomment « le romanesque occitan ». Bien que mineure et anonyme, cette production mérite d'être citée à travers des œuvres accomplies comme *Jaufré* (ou *Jaufre*), qui peut être rattaché aux romans arthuriens (le seul avec *Blandin de Cornouailles* en langue d'oc), ou encore *Flamenca,* qui illustre l'érotique courtoise, et *Barlaam et Josaphat*, roman spirituel en prose.

Mais l'essentiel des œuvres des troubadours relève de la poésie lyrique. Un des premiers troubadours connus est Guillaume IX, comte de Poitiers et duc d'Aquitaine, nommé en poésie Guilhem de Poitiers. Sa petite fille, Aliénor d'Aquitaine, importera le modèle lyrique dans le domaine d'oïl. Un autre nom célèbre est Marcabru qui nous a laissé quarante-cinq pièces d'une inspiration souvent satirique et directe. Mérite également d'être mentionné, Jaufré Rudel dont la tradition rapporte qu'il aurait aimé, sans la connaître, une comtesse de Tripoli :

> *Amors de terra lonhdana,*
> *Per vos totz lo cor mi dol...*
>
> (« Amour de terre lointaine, / Pour vous j'ai le cœur dolent... »).

Bernard de Ventadour était originaire de Corrèze et visita diverses cours du Midi avant de se retirer auprès de Raimon V, comte de Toulouse puis de se faire moine. René Lavaud et René Nelli le tiennent « pour l'un des plus grands poètes du Moyen Age ». Citons encore Gui d'Ussel, Bertran de Born, Raimon Vidal, Arnaud Daniel (admiré de Dante et de Pétrarque), Cercamon, Peire Vidal, Guiraut Riquier... Dans leur essai, Geneviève

Brunel-Lobrichon et Claudie Duhamel-Amado répertorient plus d'une centaine de noms.

L'héritage des troubadours

La poésie des troubadours, à la veille de la naissance de ce qui sera la France, a constitué un foyer intense de vie culturelle dans une ère géographique relativement homogène. Linguistiquement, elle a contribué à l'affranchissement par rapport au latin, favorisant l'avènement de ce que l'on nomme la langue vulgaire. Son rayonnement fut un facteur de rapprochement entre diverses populations et influença la poésie du Nord et celle de langue allemande représentée par les *Minnesänger*. Le grand poète italien Dante reconnaîtra sa dette à l'égard des poètes de langue d'oc. Son compatriote Pétrarque les cite avec admiration. Ajoutons, avec Marrou, que « l'influence des troubadours ne s'est pas exercée seulement sur la littérature : elle a marqué, de façon plus durable et plus profonde encore les mœurs mêmes de notre Occident[1] ». Notamment pour notre conception de l'amour humain directement hérité de l'idéal courtois.

---

1. H.-I. Marrou, *op. cit.* p. 180.

Le seizième siècle

La Pléiade

Naissance du mouvement

Contrairement à certains autres mouvements littéraires, la Pléiade est une école assez facile à dater, à partir du milieu du XVIe siècle en s'arrêtant à une date, 1549, parution de la *Défense et illustration de la langue française* de Joachim Du Bellay. Mais si la naissance du mouvement est aisée à établir, sa gestation est cependant plus diffuse et liée à des sources diverses.

Les sources

L'École lyonnaise. Le début du XVIe siècle se caractérise, en France, par une authentique effervescence poétique. Après l'expérience, souvent abusivement dévalorisée, des « Grands Rhétoriqueurs » (Pierre Fabri, Georges Chastelain, Jean Meschinot, Jean Molinet, Guillaume Crétin), et la production abondante et contestée d'un virtuose indépendant, Clément Marot, puis celle de son disciple, Mellin de Saint-Gellais, c'est à Lyon que se développe, à partir de 1530, un actif foyer de poésie regroupé autour de Maurice Scève. Ce disciple et continuateur de Pétrarque, auteur de *Délie*, recueil de 449 dizains, attire auprès de lui divers compagnons (Guillaume Des Autels, Pontus de Tyard) et favorise la poésie féminine dans sa ville : Louise Labé, Pernette du Guillet et ses deux propres sœurs, Claudine et Jeanne.

Louise Labé, surnommée « la Belle Cordière » (car mariée à un fabriquant de cordes) nous laisse une poésie délicate où il est question essentiellement du mal d'amour ; elle anima dans sa ville un salon littéraire. Il peut paraître excessif de parler, comme on a l'habitude de le faire, d'« École lyonnaise », mais ce foyer provincial dans une ville particulièrement ouverte aux échanges, à la diplomatie et à l'art marque une étape importante dans l'histoire littéraire du temps :

> Plusieurs des amis et admirateurs de Scève (...) deviendront des compagnons de la Pléiade – même un peu lointains – et Ronsard comme Du Bellay saluèrent Scève comme un précurseur.
>
> Yvonne Bellenger, *La Pléiade*, Nizet, 1988, p. 12.

Par certains côtés, nous serions ici en présence de la première « école littéraire » française qui fédère, sous l'autorité d'un maître, des artistes animés de goûts et d'aspirations communes où se mêlent platonisme, pétrarquisme et influence du lyrisme médiéval.

Les modèles antiques et étrangers. Le développement de la Pléiade est contemporain de celui de l'Humanisme et, comme lui, souhaite plonger ses racines dans les modèles grecs et latins. Dorat – qui sera l'initiateur du mouvement – est un helléniste de renom ; c'est lui qui transmettra à ses élèves, dont Ronsard, le goût pour Homère, Pindare, Virgile, Horace. Peletier du Mans, autre maître à penser, traduit précisément l'*Ars poetica* d'Horace et entretient le culte de l'Antiquité. Parallèlement, l'influence italienne – favorisée par les campagnes de François Ier – donne envie d'imiter l'Arioste, Sannazar et leurs maîtres Pétrarque et Boccace, de revenir au platonisme prêché à Florence par Marsile Ficin, de codifier la langue poétique.

La constitution du groupe

On ne peut pas, à propos de la Pléiade, parler réellement d'« école littéraire », notion étrangère à l'esprit de la Renaissance. Ni Ronsard, ni ses contemporains ne parlent de la Pléiade comme d'un groupe organisé ou hiérarchisé. Pourtant, la volonté de constituer un rassemblement poétique aux intérêts et aux goûts communs a bien existé.

C'est donc autour de l'helléniste Jean Dorat (1508-1588) au collège de Coqueret à Paris sur la montagne Sainte-Geneviève que prend corps le mouvement. À Coqueret, le maître initie ses disciples aux beautés des poésies grecque et latine, leur propose l'exemple des artistes italiens (Dante, Boccace, Pétrarque, l'Arioste, Bembo) et les encourage sur la voie d'une littérature nationale retrouvée. Les jeunes poètes, dont les chefs de file sont Du Bellay, Ronsard et Baïf, décident de se désigner du nom de combat de la *Brigade.* Nous sommes aux environs de 1546 et un peu plus tard, à l'initiative de Ronsard, le groupe d'amis décide de se rebaptiser « Pléiade », en hommage aux sept poètes d'Alexandrie qui avaient pris ce nom. Les « étoiles » du groupe sont : Ronsard, Du Bellay, Pontus de Tyard, Baïf, Peletier du Mans, Belleau, Jodelle.

Le but du groupe est de contester les modèles du passé qui empêchent l'éclosion d'une poésie authentique. Avec impertinence et ambition, les jeunes auteurs décident de consacrer leur vie à cette entreprise de renouveau des lettres. Ils partagent leur temps entre les études des Anciens, les attaques contre les versificateurs stériles, les recherches poétiques et les tentatives pour clarifier les principes de la nouvelle esthétique. L'identité des membres constitutifs de la Pléiade (et même leur nombre) a changé, faisant du groupe un ensemble vivant, fluctuant, tiraillé par des désaccords et parfois des querelles, mais ces créateurs seront unis, pendant près d'un demi-siècle, autour d'un idéal artistique et humain commun au point de s'imposer à leur temps :

> Mythique en temps qu'institution, fluctuante dans sa composition, la Pléiade n'en demeure pas moins un courant littéraire cohérent, sans doute le plus fécond et le plus novateur du XVIe siècle français.
>
> Jean Vignes, *La Poésie française du Moyen Âge à nos jours,* sous la direction de Michel Jarrety, PUF, 1997, p. 103.

Les principes esthétiques

L'heure des manifestes

Alors que le mouvement en était à ses balbutiements, un disciple de Marot, Thomas Sébillet, extérieur au groupe, faisait paraître en 1548 un *Art poétique* dans lequel étaient défendus certains principes poétiques parfois conformes aux volontés des amis de Ronsard, tels le retour aux modèles antiques et l'affirmation du caractère sacré de l'inspiration poétique. Toutefois Sébillet faisait la part trop belle à Marot et ne mentionnait pas les poètes de la nouvelle école. Pour affirmer ses positions et son originalité, le groupe décide de répliquer par un manifeste. Cette mission est confiée à Du Bellay qui fait paraître, l'année suivante, la *Défense et Illustration de la langue française.*

De cet ouvrage brouillon et polémique se dégagent quelques principes directeurs autour de deux axes : la langue française, les exigences de la poésie.

– La langue française mérite d'être défendue car elle est victime de la tutelle du latin et qu'elle est appauvrie par un usage timoré et frileux. Il faut donc à la fois imposer le français dans les œuvres nouvelles et l'enrichir par un élargissement du lexique et de la rhétorique.

– La poésie nouvelle pourra rivaliser avec celle de l'Antiquité si elle renonce à des facilités gratuites, accepte de passer par un travail minutieux, s'applique à exploiter les ressources de certains genres privilégiés, si enfin, renonçant à la stérile traduction, elle lui préfère la féconde imitation des Anciens.

Le manifeste de Du Bellay, plus proche du pamphlet que de l'art poétique, animé des aspirations humanistes, eut, malgré quelques faiblesses, le mérite de fédérer le groupe et de stimuler la production autant théorique que poétique. Peletier à son tour rédigea un art poétique ; puis Ronsard, d'abord dans la préface des *Odes* (1550) et surtout dans l'*Abrégé de l'art poétique français* (1563) ou, plus tard, dans la préface de *La Franciade* (1572) précisa les intentions du groupe. D'autres textes théoriques verront le jour, dus à Tyard, à Bruès ou encore à Du Bellay (préface de *L'Olive*).

Les théories littéraires

Il est difficile de dégager de cet abondant matériau théorique les éléments d'une véritable doctrine, même si l'on peut s'arrêter à quelques principes.

– *La dignité du poète* : celui-ci n'est plus un amuseur distrait, un rimailleur méprisable, mais un porte-parole des dieux, investi d'une mission élevée (plaire et éclairer) et promis à l'immortalité. Ronsard lui assigne une haute position morale :

> Or pour ce que les Muses ne veulent loger en cette âme si elle n'est bonne, sainte et vertueuse, tu seras de bonne nature, non méchant, renfrogné ni chagrin…
>
> *Abrégé de l'art poétique français*, 1563.

– *Le rôle de l'inspiration* : une « fureur poétique » pour utiliser la formule de Platon reprise par Tyard, « l'enthousiasme » ou l'« inspiration », pénètre le poète pour lui donner la force de créer :

> La fureur poétique procède des Muses et est un ravissement de l'âme (...). J'entends que l'âme est occupée, et entièrement convertie, et inventive aux saintes et sacrées Muses.
>
> Pontus de Tyard, *Le Solitaire premier*, 1552.

Il est néanmoins nécessaire d'ajouter à ce souffle divin le travail permettant d'accoucher de l'œuvre immortelle. L'« art » complète les dons de la nature.

– *La recherche de la beauté* : la réussite poétique se mesure à sa perfection esthétique. Le poème doit être « éloigné du vulgaire » et « enrichi et illustré de couleurs et ornements poétiques » demande Du Bellay (*Défense*, II, 4). Ronsard parle d'« entrelacements de fleurs poétiques ». La forme peut être sobre et la rhétorique limitée, mais le langage et l'harmonie des rythmes doivent apporter au poème un charme qui parle à la sensibilité.

– *L'imitation* : les poètes de la Pléiade ont pour mission de reproduire la perfection esthétique léguée par les Anciens. Il ne s'agit plus de paraphraser ces modèles mais, avec des formes nouvelles, de les égaler voire les surpasser :

> À la Renaissance, l'excellence d'un poète ne provient pas (du moins, elle n'est pas perçue comme telle) de son originalité, mais de sa supériorité : faire comme les autres, mais mieux.
>
> Yvonne Bellenger, *Op. Cit.*, p. 25.

– L'imitation des anciens (et non des rimeurs virtuoses de la génération précédente) est, pour l'artiste, un révélateur, un moyen de dépassement personnel, une nourriture (Du Bellay emploie le mot « *innutrition* ») et aussi un hommage à la nature. On trouve, chez Ronsard, quelques vers qui expliquent et justifient cette pratique :

> (...) je ressemble à l'abeille
> Qui va cueillant tantôt la fleur vermeille,
> Tantôt la jaune : errant de pré en pré
> Vole en la part qui plus lui vient à gré,
> Contre l'hiver amassant forces vivres.
> Ainsi courant et feuilletant mes livres,
> J'amasse, tire et choisis le plus beau,
> Qu'en cent couleurs je peins en un tableau,

Tantôt en l'autre : et maître en ma peinture
Sans me forcer j'imite la nature.

Hylas, 1569.

– *Les genres et les formes* : Du Bellay, répondant à Sébillet, consacre tout un chapitre à préciser « Quels genres de poèmes doit élire le Poète français ». Les formes poétiques de l'école nouvelle se limitent à celles héritées des modèles anciens ou italiens : la *chanson* (seul genre rescapé des formes fixes médiévales) parce qu'elle a servi à Pétrarque, mais surtout l'*épigramme* et les deux grands genres lyriques l'*élégie* (forme souple favorable à l'expression du sentiment) et l'*églogue*, poème pastoral à la mode. À cette liste s'ajouteront les genres « nobles » comme l'*ode* et l'*épopée* et une forme importée d'Italie et promise à un bel avenir, le *sonnet*. Seront utilisés également quelques mètres nouveaux, comme l'alexandrin, imposé par Ronsard, quelques strophes inédites et quelques règles prosodiques comme l'alternance des rimes.

Ajoutons que la Pléiade a souhaité (sans toujours y parvenir) s'illustrer, à l'image de l'Antiquité, au théâtre. Jodelle a composé des tragédies et des comédies ; des dramaturges comme Garnier, La Taille, Grévin ou De Bèze, sans être des disciples de Coqueret, en retiendront les leçons.

Les réalisations littéraires

Les thèmes

Le choix des genres et les impératifs de la doctrine orientent et servent une thématique assez aisée à circonscrire et clairement décrite par Yvonne Bellenger à qui nous renvoyons. Les jeunes gens de Coqueret aiment, dans leurs vers, à chanter :

– *la gloire du poète* : cette forme d'autocélébration restitue à cet inspiré sa fonction divine, celle de révéler la vérité, de vanter les beautés du monde, de dépasser le présent banal. Immortel par son génie, le poète sera entendu par une postérité reconnaissante ;

– *l'amour* : à la suite de Pétrarque, les poètes français, Du Bellay, Ronsard, Tyard, Peletier (mais aussi Scève ou Louise Labé qui n'appartiennent pas à la Pléiade), célèbrent lyriquement l'amour, ses plaisirs et ses tourments. La passion amoureuse prend des formes sublimées, idéalisées ou bien emprunte les voies de l'évocation sensuelle (dans le blason par exemple), à moins qu'elle ne donne naissance à un couplet misogyne. Le sentiment amoureux s'accorde aussi à l'inspiration épicurienne du *carpe diem*, comme dans les fameux vers de Ronsard qui invitent à profiter du temps présent :

> Le temps s'en va, le temps s'en va Madame :
> Las ! Le temps non, mais nous nous en allons
> Et tôt serons étendus sous la lame...
>
> *Continuation des Amours*, 1555.

– *la mort* : ce thème, véritable lieu commun littéraire du temps, sera largement exploité par le mouvement baroque. Les décors funèbres, les évocations macabres, parfois fort douloureuses, se combinent à la plainte amoureuse ou à la méditation religieuse pour donner une poésie à la tonalité grave, lucide et toutefois exempte de révolte. Les *Poèmes sur la mort de Marie* de Ronsard (1578) en constituent une excellente illustration ;

– *la nature* : les poètes de la Pléiade sont pour la plupart des provinciaux, élevés dans un décor agreste, nourris de paysages bucoliques (et de lectures qui en vantent les mérites : Virgile, Horace, Lucrèce, Pétrarque, Sannazar...). La nature est rarement peinte pour elle-même (sauf dans le cas du *blason*) mais sert de décor à une scène sentimentale, une rencontre, une surprise, ou de référent nostalgique pour un exilé urbain (Du Bellay à Rome par exemple). La mythologie et son cortège de syrinx, nymphes, satires, est traditionnellement associée au paysage naturel ;

– *la cour* : l'amour de la nature et de la sincérité conduit au rejet du mensonge et du lieu où il règne, la cour. Les écrivains de la Pléiade, relais important dans une tradition satirique, se montrent sévères à l'égard de ce « lieu de feintise où tout est sacrifié à l'ostentation » [1], et même de la ville où se concentrent les grands. Le recueil de Du Bellay, *Les Regrets*, est le modèle de cette poésie satirique à laquelle sacrifient également Ronsard ou Jodelle.

– *la science* : plus surprenante est cette inspiration – liée aux importantes mutations dans divers domaines – qui nous vaut une série d'œuvres consacrées aux mystères de l'univers, aux variations météorologiques, aux visions cosmiques ou astrologiques, aux beautés microcosmiques de l'homme. Cette veine vieillie,

1. Yvonne Bellenger, *Op. Cit.*, p. 59.

éloignée de nos goûts actuels plaît beaucoup à l'époque et est largement illustrée par Peletier, Belleau, Du Bartas, Baïf et même Ronsard notamment dans ses *Hymnes*.

Les œuvres

Il ne saurait être question de recenser exhaustivement les œuvres relevant du courant littéraire de la Pléiade. La liste des auteurs elle-même serait fastidieuse en même temps qu'incertaine, à cause des variations du groupe. Yvonne Bellenger qui s'y risque propose un palmarès d'environ quatre-vingts noms, français et étrangers, poètes, humanistes, dramaturges ou théologiens. On conviendra modestement que la Pléiade est souvent limitée à deux constellations majeures, Ronsard et Du Bellay, et, autour d'eux, quelques étoiles plus ou moins permanentes dont les plus lumineuses seront Jodelle, Baïf, Tyard et Belleau – auxquels nous consacrons quelques lignes.

Du Bellay (1523-1560), auteur du plus grand texte théorique (*Défense et illustration de la langue française*, 1549), du premier recueil de sonnets français (*L'Olive*, 1549), puis, après son expérience romaine, de deux recueils nostalgiques : *Les Antiquités de Rome* (1558), *Les Regrets* (1558).

Ronsard (1524-1585), le plus fécond et le plus actif, dont on peut retenir entre autres œuvres, *Les Odes* (1550), *Les Amours* (1552-1553), *Les Hymnes* (1555-1556), *Les Discours* (1562-1563) et un grand poème épique, *La Franciade* (1572).

Pontus de Tyard (1521-1605), ami de Maurice Scève, futur évêque de Chalon, chantre de l'amour dans *Les Erreurs amoureuses* (1549), *Le Solitaire premier* et *Le Solitaire second* (1556), *L'Univers* (1578).

Rémy Belleau (1528-1577), qui rassemble, en 1572, ses poèmes dans les deux livres de sa *Bergerie*, puis rédige des poèmes de cour et, plus tard, un lapidaire, *Amours et nouveaux échanges des pierres précieuses*. Poésies pleines de fraîcheur, bien que parfois un peu affectées.

Étienne Jodelle (1532-1573), esprit indépendant qui s'illustre au théâtre et dont l'œuvre poétique, partiellement perdue, connaîtra une publication posthume sous le titre *Œuvres et mélanges poétiques*.

Jean-Antoine de Baïf (1532-1589), « théoricien important » et « chercheur curieux », dit Yvonne Bellenger de Baïf qui publie, en 1552, un livre dans le style de Pétrarque, *Les Amours de*

Méline suivi, trois ans plus tard par *Les Amours de Francine*. Ajoutons une peinture du ciel (*Les Météores*, 1567), des traductions, des jeux poétiques, des œuvres satiriques. Son apport à la Pléiade fut considérable, réclamant une réforme de la poésie française et de l'orthographe, militant en faveur de la création d'une « Académie de Poésie et de Musique ».

Périphérie et postérité

En marge de la Pléiade

Nous avons déjà mentionné l'École lyonnaise, sensiblement antérieure à ce mouvement et qui en prépare l'apparition. Il conviendrait de faire une place au courant poétique inspiré par les conflits religieux liés à la Réforme. Cette poésie combattante, partisane (genre que ne dédaigneront ni Du Bellay ni Ronsard) est essentiellement illustrée par deux poètes protestants, Agrippa d'Aubigné et Guillaume Du Bartas, et un autre passé au catholicisme, Jean de Sponde.

Théodore Agrippa d'Aubigné (1552-1630) donne dans *Les Tragiques* un saisissant tableau des désastres liés aux persécutions religieuses et s'élève jusqu'à une vision apocalyptique de la condition de l'homme. Guillaume Salluste, seigneur Du Bartas (1544-1590), nous laisse une œuvre gigantesque et plus apaisée, inspirée de la science antique et de la mythologie biblique. À côté de *Judith* (1573), sorte d'épopée dramatique, *La Semaine ou direction du Monde* (1579) est son œuvre la plus achevée. Jean de Sponde (1557-1595), écrivain catholique ignoré de son temps, nous lègue une poésie mystique qui annonce Pascal (*Méditations sur les psaumes*, 1588) et des sonnets sobres et sombres qui s'éloignent des ornements de la Pléiade : « Douze sonnets sur la mort ». Citons enfin le pamphlet collectif et tardif *La Satyre Ménippée* (1594) qui, en prose et en vers, parodie les états généraux de la Ligue tenus à Paris en 1593.

Influence de la Pléiade

La Pléiade ne survécut pas à la mort de Ronsard (1585), vérifiant le lien prioritaire entre l'homme et le groupe. Son action, surtout de nature poétique, a toutefois influencé le théâtre et s'est mêlée aux manifestations érudites de l'Humanisme. On a même souligné le rôle du mouvement dans le domaine de la musique, quelques-uns de ses représentants s'essayant à la composition.

L'influence du groupe de Coqueret fut considérable dans tout le XVIe siècle (d'Aubigné reconnaît sa dette à Ronsard), et plus encore au début du XVIIe siècle avec l'épanouissement baroque. Il ne résistera pas toutefois aux exigences de sobriété du classicisme et sera ignoré voire méprisé jusqu'au début du XIXe siècle. C'est le Romantisme, retrouvant dans ces poètes de la Renaissance sa propre aspiration au renouveau en matière de thèmes, de rythmes, d'images, qui se chargera de réhabiliter le mouvement. Dans la perspective qui est la nôtre, on retiendra de la Pléiade la volonté neuve d'apporter de la vigueur, de la profondeur et du souffle à la création littéraire. Ce que résume bien Philippe van Thieghem :

> Dans l'histoire des doctrines littéraires en France, la Pléiade marque un moment capital : celui où l'art, cessant d'être soumis aux hasards de l'inspiration individuelle, rompant avec le vain travail des Grands Rhétoriqueurs, cherche à prendre conscience de ses principes, à élever ses regards bien au-delà de l'horizon contemporain, et à forger, encore maladroitement, le premier code de ses lois.
>
> *Les grandes doctrines littéraires en France*, PUF, 1963, p. 12.

L'Humanisme

On serait évidemment déçu que ne figurât pas dans un panorama des courants littéraires un chapitre sur l'Humanisme ; mais on peut également être surpris de l'y trouver, dans la mesure où cet important mouvement qui a marqué tout le XVIe siècle n'a rien de spécifiquement littéraire. Certaines histoires de la littérature omettent même d'en parler ou se contentent de le mentionner dans le cadre d'une introduction générale sur le siècle et ses courants de pensée. C'est qu'avec l'Humanisme, l'histoire littéraire rencontre frontalement – et ce n'est pas le seul exemple – l'histoire des idées, se mélange à elle et brouille la frontière incertaine entre les lettres et la philosophie, entre les arts et la pensée. Ajoutons que si, d'un point de vue diachronique, l'Humanisme, confondu approximativement avec la Renaissance, est aisément repérable, les valeurs qu'il véhicule sont trop universelles pour se limiter à une époque ou à un courant. On sait d'ailleurs que le même mot, pris dans une acception plus large, sert à désigner une attitude intellectuelle et morale portée à affirmer la dignité de l'homme et valable à toutes les époques, y compris les plus contemporaines.

Parler de l'Humanisme dans le cadre qui est le nôtre suppose donc de chercher à comprendre la naissance d'un mouvement intellectuel complexe, à définir l'esprit qui l'a caractérisé, à décrire ses manifestations dans des productions situées en périphérie de la littérature, ainsi que son influence sur des œuvres plus strictement reliées au monde des lettres.

L'origine de l'Humanisme

Un problème de terminologie

Comme il en est pour l'appellation de nombreux courants esthétiques ou intellectuels, le mot « humanisme » n'existe pas au XVIe siècle. Le terme apparaît en 1765 dans un sens éloigné de notre propos (« estime et amour de l'humanité »), puis, vers le milieu du XIXe siècle, pour désigner une doctrine qui tendrait à assurer l'épanouissement de l'homme. Ce n'est qu'en 1877 que le mot s'applique au mouvement d'esprit qui recouvre en gros le temps de la Renaissance et qui conjugue le culte des « belles-lettres » – les humanités – et la foi dans les ressources philosophiques et scientifiques de l'homme.

L'époque, toutefois, connaît des « humanistes » (d'après le latin *humanisti*), c'est-à-dire des lettrés qui étudient dans les facultés des arts les disciplines laïques appelées *humanitatis litterae* ou encore *studia humanitatis*, littéralement « lettres ou études humaines ». Les « arts », qui recouvrent traditionnellement le *trivium* (grammaire, rhétorique et logique) et le *quadrivium* (arithmétique, astronomie, histoire et musique), ont progressivement voulu donner plus d'importance à l'éloquence et à la poésie antiques, baptisées *disciplinae humaniores* pour les distinguer de l'enseignement religieux dispensé dans les prestigieuses facultés de théologie. Cette référence à ce qui relève du non-divin (*humanior*) a été interprétée comme ce qui exalte les qualités intellectuelles de l'homme.

Aux sources du mouvement

L'essor de l'Humanisme français est lié à l'influence de l'Italie, aux travaux des rhétoriciens du XVe siècle et à la diffusion du livre favorisée par l'imprimerie.

On fait parfois remonter l'esprit humaniste à Dante (1265-1321) ou à Pétrarque (1304-1374), poètes soucieux de restaurer les langues modernes en s'inspirant de l'héritage antique. Mais le courant d'érudition à l'origine de l'Humanisme se développe surtout dans les foyers intellectuels de Naples, de Rome ou de Florence où, vers 1450 des philologues comme Lorenzo Valla, Pic de la Mirandole, Marsile Ficin, traduisent et commentent Homère, Platon, Plutarque ou Virgile. Vers la fin du XVe siècle, de nombreux érudits italiens (Paolo Emili, Girolamo Balbi, Cornelio Vitelli, Filippo Beroaldo...) viendront enseigner à Paris où ils trouvent un écho favorable à la diffusion des nouvelles idées.

Parallèlement, le français Guillaume Fichet (1433-1480 ?), recteur de l'université de Paris, installe à la Sorbonne la première presse qui lui permet de publier des ouvrages italiens dont les *Lettres* de Gasparino de Barbizza (premier livre édité en France) et, du même, une *Rhétorique* qui doit répandre chez nous « la science du bien-dire ». D'autres érudits (Gaguin, Trébizonde, Tissard) contribuent à imposer de nouvelles approches culturelles inspirées des modèles grecs et latins. L'imprimerie, invention majeure de la fin du Moyen Âge, va faciliter la diffusion des idées et des textes ainsi que la communication entre les penseurs.

Le retour à l'Antiquité

Le Moyen Âge ne s'était pas coupé de ses racines antiques, mais il s'était limité à des emprunts servant son projet d'édification chrétienne. La Renaissance s'affranchit de ces contraintes et cherche dans les œuvres grecques et latines un aliment de réflexion et de création. On s'attache d'abord à la forme, aux beautés esthétiques, à l'exigence de perfection et de sensibilité. On retient également la leçon de sagesse qui, indépendamment du message religieux, indique à l'homme les chemins à suivre pour trouver la place qui lui revient dans un monde en mutation. Il ne s'agit pas simplement de reproduire et d'imiter les auteurs anciens, mais plutôt de comprendre leur message, d'apprécier et de prolonger leur art. Comme le pensent, à peu près au même moment les poètes de la Pléiade, les humanistes sont convaincus que la rénovation de la culture et des lettres passe par un dialogue avec l'Antiquité.

De brillants hellénistes comme Guillaume Budé, Jean Dorat, Henri Estienne, Etienne Pasquier, Jacques Lefèvre d'Étaples contribuent, par leurs traductions, leurs commentaires ou leur enseignement, à répandre le goût pour les Anciens en même temps que le souci de restaurer la langue et les études françaises. Le pouvoir royal sert le mouvement quand, en 1530, François Ier accepte de créer le Collège des Lecteurs royaux (futur Collège de France) qui, en concurrence avec la toute-puissante Sorbonne (faculté de théologie de Paris), se charge d'enseigner le latin, le grec et l'hébreu.

L'œuvre de l'Humanisme

L'esprit du mouvement

Il n'est pas sûr que l'examen des origines du mouvement suffise à définir son esprit. Sans doute parce que l'Humanisme ne se ramène pas à une philosophie, mais recouvre une tendance intellectuelle et un moment de l'histoire que résume assez bien Jean Céard :

> La diversité de l'homme est trop grande, ses intérêts trop variés, ses orientations trop nombreuses pour qu'il soit possible de le [l'humanisme] définir comme une doctrine ou une philosophie. Si flou que soit le terme, l'humanisme ne peut être caractérisé que comme un esprit. Son unité profonde, il la trouve dans le sentiment général d'une refloraison, d'une restitution, d'une restauration des lettres, de la culture, et dans le mépris pour les « Barbares », les « Goths » et les « sophistes » qui en ont longtemps étouffé la clarté ; dans une passion de la nouveauté qui s'exprime en l'amour des livres – partout retentit l'éloge du divin présent de l'imprimerie – et cette soif de culture qui caractérise, par exemple, le jeune Pantagruel dès que ce monde nouveau lui est révélé.
>
> *Dictionnaire des littératures de langue française*, sous la direction de J.-P. de Beaumarchais, Daniel Couty, Alain Rey, Bordas, 1987, t. II, p. 1150.

L'allusion à Rabelais renvoie à la lettre que le géant Gargantua écrit à son fils étudiant à Paris et dans laquelle, rejetant le temps « encore ténébreux et sentant l'infélicité et calamité des Goths », il l'invite à profiter de l'ère nouvelle : « Maintenant toutes disciplines sont restituées, les langues instaurées (…). Tout le monde est plein de gens savants, de précepteurs très doctes, de librairies très amples (…). Par quoi, mon fils, je t'admoneste qu'emploies ta jeunesse à bien profiter en étude et en vertu. » (*Pantagruel*, 1532, ch. VIII).

Cet « esprit » humaniste n'a pas, à proprement parler, donné naissance à des œuvres littéraires précises. Il s'est en revanche exprimé de façon diverse et parfois diffuse, dans des directions multiples qui expliquent ou intéressent la littérature. Sa vraie expression est à chercher en philologie, en pédagogie et en philosophie.

L'Humanisme philologique

Les humanistes souhaitent un retour authentique aux textes. Préfaçant le *Nouveau Testament* (1516) Érasme déclare : « C'est aux sources mêmes que l'on puise la pure doctrine. » Valable pour la religion, le vœu l'est également pour la pensée philosophique et la pratique littéraire. Guillaume Budé et ses pairs souhaitent exhumer les manuscrits anciens, les accompagner d'annotations objectives, les soumettre à un vrai travail critique qui les débarrasse des scories accumulées par des traducteurs approximatifs et des commentateurs tendancieux. C'est dans cet esprit que Lefèvre d'Étaples traduit Aristote, les Écritures (*Psaumes*, *Épîtres*, *Évangiles*) avant de donner une *Sainte Bible en français* éditée à Anvers en 1530. Budé publie, en 1521, ses *Commentaires sur la langue grecque*.

Parallèlement, l'Humanisme souhaite rendre sa noblesse à la langue française, la maîtrise linguistique (et littéraire) donnant accès à l'universalité du savoir. Charles de Bovelles rédige une des premières grammaires françaises (1531), publie un recueil de proverbes français et un essai sur les langues comparées. L'entreprise de réhabilitation de la langue française que souhaite de son côté donner la Pléiade, en confiant à Du Bellay la rédaction de la *Défense et Illustration de la langue française* (1549), s'inscrit dans cette volonté d'exigence philologique. À l'étranger, Lorenzo Valla, Marsile Ficin ou Luther œuvrent dans le même sens.

L'Humanisme pédagogique

L'Humanisme rêve d'inventer un homme nouveau devenu, comme le voulait Protagoras (sophiste grec du ve siècle avant J.-C.), « la mesure de toute chose ». Cet objectif se fonde sur la conviction optimiste de la perfectibilité de l'homme et de la nécessité de l'aider dans cette direction. L'enseignement sera le moyen de former les esprits universels modernes. Le Hollandais Érasme – qui séjourna à Paris où il connut la pédagogie rétrograde du collège de Montaigu – établit quelques principes d'éducation dans son *Éloge de la folie* (1526). Nous trouvons la même volonté d'ouvrir l'homme à la culture chez Budé ou Lefèvre d'Étaples qui fut le précepteur des enfants de François Ier. Dans *Pantagruel*, déjà cité, Rabelais ironise sur l'éducation scolastique héritée de l'époque médiévale, et souhaite former des esprits plus que de remplir les mémoires. La formule célèbre : « Sapience n'entre point dans âme malivole, et science sans conscience n'est que ruine de l'âme », résume cette aspiration que prolongera Montaigne dans le chapitre « De l'institution des enfants » (*Essais*, I, 26) où sont posées les bases d'une éducation moderne ouverte au dialogue, à la critique, aux arts, aux sciences et même au sport.

C'est dans cet esprit de renouveau que les femmes peuvent accéder à la connaissance (en 1574, en Avignon, est fondé le premier établissement pour jeunes filles) et rejoindre l'élite littéraire comme le montrent Marguerite de Navarre ou Louise Labé et ses compagnes de l'École lyonnaise.

L'Humanisme religieux, philosophique et politique

Sur le plan des idées, le débat est surtout religieux et politique. En matière de religion, les humanistes ne sont pas hostiles à la Réforme qui marque un retour salutaire à la Bible et aux sources de la foi. Ils pensent en outre que la religion doit (comme l'indique l'étymologie du mot) servir à rapprocher les hommes, par-delà les frontières et les différences, autour de la vraie parole de Dieu. C'est en ce sens qu'on a parlé d'« évangélisme », tendance dont on trouve notamment des traces dans l'œuvre de Rabelais et qui conteste l'autorité de l'Église et des gloses théologiques. Érasme ou Lefèvre d'Étaples illustrent ce combat dont la conséquence dramatique sera la mort sur le bûcher d'Étienne Dolet en 1546.

En matière politique, le même désir de renouveau généreux conduit les humanistes à rêver d'une société idéale, celle édifiée malicieusement par l'Anglais Thomas More dans son *Utopia* (1516), par Érasme dans l'*Éloge de la folie* ou par Rabelais dans l'épisode parodique de l'abbaye de Thélème (*Gargantua*, 1534). Dans ces lieux préservés du préjugé, on espère réunir, comme dans l'Académie de Marsile Ficin à Florence, « des hommes libres dans une cité libre ». Ce culte de la liberté, assorti de la foi en la raison, prépare les siècles à venir et justifie l'apparition d'une pensée politique audacieuse, comme on le voit chez le Toscan Machiavel (*Le Prince*, 1513) ou, en France, chez Jean Bodin (*Six livres de la République*, 1576) et Étienne de La Boétie (*Dis-*

cours de la servitude volontaire, 1578). Même renouveau dans les sciences où, prolongeant les recherches visionnaires de Nicolas de Cues, Copernic, Giordano Bruno ou Galilée, les savants participent à l'optimisme conquérant du siècle.

L'Humanisme et la littérature

Le parcours qui précède nous a permis de montrer l'interpénétration entre les idées et les œuvres dans tous les domaines. La littérature à l'époque de la Renaissance, élargit son territoire, s'ouvre à la pensée philosophique, politique ou religieuse. Alors même que se produit cette effervescence intellectuelle, se développe d'ailleurs une intense activité poétique avec Marot, l'École lyonnaise ou La Pléiade, ou une littérature « engagée » suscitée par la Réforme – vraies manifestations littéraires qui intègrent les valeurs défendues par l'Humanisme.

On est donc bien en droit d'affirmer que l'Humanisme, s'il n'est pas un courant littéraire, a parcouru l'ensemble de la création de l'époque et influencé les écrivains les plus rayonnants du siècle. Nous nous arrêterons à l'exemple de deux d'entre eux : Rabelais et Montaigne.

Rabelais et l'Humanisme joyeux

L'Humanisme de Rabelais choisit de s'exprimer par les voies de la gaieté, la parodie, la mystification et la paillardise. L'homme lui-même mérite de figurer parmi les érudits grâce à de sérieuses études religieuses qui lui procurent une solide culture, puis par sa formation de médecin. La dimension humaniste de l'œuvre se mesure à divers éléments :

– Le choix, comme héros, de géants à l'appétit insatiable, métaphore de l'idéal de connaissance universelle ;

– La satire bouffonne de certaines institutions sclérosées et dangereuses comme la hiérarchie ecclésiastique, les dogmes et superstitions du christianisme, les méthodes éducatives des « sorbonnicoles », l'arbitraire princier et la cruauté des guerres, le charlatanisme scientifique, etc. ;

– La recherche du bonheur, nouvel idéal situé dans une société harmonieuse et parfaite, à l'exemple de ce que représente l'antimonastère fantaisiste de Thélème avec son mot d'ordre provocateur : « Fays ce que voudras » ;

– L'abandon de l'esprit de sérieux et la promotion du rire comme manifestation de la joie de vivre ou habillage plaisant de vérités profondes pour celui qui sait « rompre l'os et sucer la substantifique moelle » ;

– L'élaboration d'un programme éducatif ambitieux, démesuré même, mais qui associe à l'acquisition des connaissances, la formation de l'esprit et l'épanouissement du corps ;

– La rénovation de la langue nationale grâce à une imagination verbale sans limites où se côtoient tous les registres, se rencontrent toutes les audaces, se régénèrent la syntaxe et le lexique.

Gigantesque farce pour les uns, redoutable entreprise de démolition pour les autres, géniale exploitation du langage pour tous, l'œuvre de Rabelais, dans ses formes contradictoires ou excessives, transmet au lecteur étourdi un peu du message de liberté et d'enthousiasme qui a porté le siècle.

Montaigne ou l'Humanisme critique

L'autre grande figure de l'Humanisme littéraire, sur l'autre versant du siècle, est un écrivain moins exubérant et plus critique, dont l'œuvre, sortie de lui-même, est une vaste réflexion, une observation du monde qui, par son éclectisme et sa profondeur, prodigue une leçon de sagesse.

Les Essais de Montaigne, œuvre qui domine largement la seconde moitié du XVIe siècle, illustrent, à leur manière, personnelle et détachée, quelques tendances fortes de l'Humanisme. Notamment :

– Un regard sceptique sur le monde : la vie sociale est une « piperie », les activités mondaines des « vacations farcesques », notre univers changeant une « branloire pérenne ». Autant d'expressions célèbres qui incitent à considérer avec humilité l'agitation des hommes et la prétention des sciences. L'homme du « Que sais-je ? », conformément à la sensibilité baroque, ne se laisse pas abuser par les mirages de la puissance et s'« essaye » à se comprendre (« Connais-toi toi-même ») afin de comprendre le monde ;

– Une volonté de « bien faire l'homme » : sans lourdeur didactique, en ayant même l'air de « désenseigner », Montaigne nous suggère discrètement les directions à suivre pour réussir sa vie. Après la période stoïcienne, son évolution vers une sagesse inspirée de la nature, l'incline à s'accommoder des faiblesses de l'homme, à suivre en tout la nature, ce « doux guide », à se défier des préjugés en matière de religion, de science, d'éducation (où la « tête bien faite » sera préférée à la « tête bien pleine »), à accepter l'Autre avec ses différences (les « peuples enfants » des nouveaux continents ont des choses à nous apprendre, car « chacun appelle barbarie ce qui n'est pas à son usage »), enfin à se résigner à son destin de mortel ;

– Une relation nouvelle à l'écriture, perceptible d'abord dans l'entreprise inédite de se peindre soi-même, sans vanité ni pudeur, ouvrant la voie à l'introspection, mais aussi à l'appréhension subjective du monde : « Je m'étudie plus qu'autre sujet. C'est ma métaphysique, c'est ma physique » (*Essais*, III, 13). Mais aussi par le recours à un « parler » neuf, sincère, imagé, libéré en tout cas de la scolastique abstraite et de la sécheresse dogmatique, rendu en somme à la fraîcheur populaire et à la verve gasconne. Le titre, les *Essais*, atteste cette modestie réfléchie (l'homme « s'essaie ») et ce recul approche de la sagesse.

Indiscutablement, Montaigne peut être rattaché au courant humaniste ainsi que l'écrit Christiane Lauvergnat-Gagnère :

> Projet humaniste par excellence qu'un tel dialogue avec soi-même, qui n'a pu se réaliser que par l'écriture vigilante et totalement consciente des *Essais*.
>
> *Précis de littérature française*, sous la dir. de Daniel Bergez, Armand Colin, 2009, p. 97.

Toutefois, l'indépendance d'esprit de l'ancien maire de Bordeaux, le relativisme de ses jugements, son désir prioritaire de réussir son existence l'éloignent de l'exaltation euphorique, de la croyance fervente en l'homme et en ses mérites attachées à l'idée d'Humanisme. Avec Montaigne, la Renaissance semble s'achever et l'aventure de l'esprit aborder, avec plus de mesure, les rivages de la raison critique ou les zones turbulentes de l'angoisse « baroque ».

Le dix-septième siècle

Le Baroque

Qu'est-ce que le Baroque ?

Peu de courants littéraires sont aussi délicats à définir et à circonscrire que celui que l'on nomme « le Baroque », terme qui sert à désigner à la fois une esthétique fondée sur l'imagination, la sensibilité, l'outrance et le désordre, une philosophie liée à une vision particulière du monde et à une aspiration mystique, et une période littéraire baptisée ainsi *a posteriori* par la critique du XXe siècle, celle qui va environ de 1580 à 1660. On se range au jugement d'un grand spécialiste :

> L'idée du Baroque est de celles qui vous fuient entre les doigts, plus on la considère, moins on l'appréhende ; qu'on s'approche des œuvres, la diversité frappe plus que la similitude ; qu'on prenne du recul, tout s'évapore dans la généralité. On n'a pas eu tort de dire que la notion était confuse et mal délimitée.
>
> Jean Rousset, *L'Intérieur et l'Extérieur, Essais sur la littérature et le théâtre du XVIIe siècle*, J. Corti, 1968, p. 249 et *passim*.

Peu de concepts pourtant qui n'aient exercé une telle fascination sur les esprits, tantôt dénigré, tantôt adulé, capable de prendre, tel Protée – une figure qui l'incarne – les formes les plus diverses. Le mot lui-même fait problème.

Le mot

L'adjectif « baroque » apparaît en 1531 pour traduire le portugais *barocco*, mot qui désigne une perle de forme irrégulière. C'est ainsi que le définira encore en 1690 Furetière dans son dictionnaire : « C'est un terme de joaillerie qui se dit des perles qui ne sont pas parfaitement rondes. » Le *Dictionnaire de l'Académie* confirme d'abord ce sens qu'il enrichit, dans son édition de 1740, d'un élargissement sémantique :

> Baroque se dit aussi au figuré pour irrégulier, bizarre, inégal. Un esprit baroque, une expression ou une figure baroque.

Le sens du mot est donc dévalorisant, péjoratif même. En esthétique, il signale un excès, un maniérisme, c'est-à-dire un goût pour des formes recherchées et artificielles éloignées de la beauté sobre et parfaite du Classicisme inspiré de l'Antiquité. Dans son *Dictionnaire portatif de peinture, sculpture et gravure* (1757), Antoine Pernéty précise : « Baroque est tout ce qui suit non les normes des proportions, mais le caprice de l'artiste. » Ce qui en musique autorise cette définition, due cette fois à Rousseau :

> Une musique baroque est celle dont l'harmonie est confuse, chargée de modulations et de dissonances, l'intonation difficile et le mouvement contraint.
>
> *Supplément à L'Encyclopédie*, 1776.

Cet art décadent et bizarre s'épanouit, notamment en architecture, dans l'art religieux où il semble s'opposer à la régularité et à la norme de l'esthétique classique.

Le sens du mot va évoluer à partir de la fin du XIXe siècle sous l'influence d'esthéticiens (Wölfflin, Croce, d'Ors, Focillon…), pour désigner, indépendamment de toute nuance péjorative, une catégorie esthétique universelle, celle qui recouvre

> la surcharge ornementale, la dislocation et l'exténuation des formes, l'excès de recherche ou de raffinement, la gratuité grandissante du propos, etc.
>
> Jean-Pierre Chauveau, *Lire le Baroque*, Armand Colin, 2005, p. 6.

Mais notre propos se limite à une période où cette notion, au sens encore incertain, se diffuse dans les arts divers et particulièrement la littérature.

L'âge baroque

La délimitation historique du baroque littéraire en France est elle-même fluctuante. Le Robert applique le mot à « la littérature française sous Henri IV et Louis XIII », c'est-à-dire exactement de 1589 à 1643. Jean Rousset (*La Littérature de l'âge baroque, Circé et le paon*, J. Corti, 1954) situe la période – approximativement, précise-t-il – de 1580 à 1665 ; quant à Bertrand Gibert, il établit dans son ouvrage *Le Baroque littéraire en France* (Armand Colin, 1997) une chronologie qui va de 1560 (avènement de Charles IX) à 1680 – ce qui au passage disqualifie le mythe d'un XVIIe siècle coupé en deux, une première période « baroque » et une deuxième « classique ». Les deux courants se sont en effet largement superposés et parfois même rencontrés chez les grands auteurs indifférents aux étiquettes. On s'en tiendra donc à appeler « âge baroque » la période qui assure la transition entre la Renaissance et le Classicisme, soit, en gros, de 1580 à 1660.

Cette période, agitée par divers ferments d'instabilité, a pu produire ce que Jean-Pierre Chauveau appelle « une littérature de temps de crise ». En effet, après l'élan d'optimisme de la Renaissance, on entre, vers la fin du XVIe siècle, dans une période d'ébranlements et de ruptures dans les domaines scientifique, religieux, social et politique. La révolution copernicienne fait sentir ses effets en précipitant la fin du géocentrisme avec Galilée ; Giordano Bruno impose l'idée d'une infinité d'univers, Kepler découvre les lois de l'orbite elliptique des planètes. Ces innovations scientifiques, auxquelles s'ajoute l'élargissement de l'horizon consécutif à la découverte du Nouveau Monde, créent un sentiment de désordre et d'inquiétude, contestant la place et le rang de l'homme dans l'univers.

Dans le domaine religieux, le choc est encore plus douloureux. À la suite du schisme brutal de la Réforme, l'Église catholique veut tenter de retrouver sa suprématie spirituelle. Le Concile de Trente (1545-1563) reprécise certains dogmes, revient sur la question du salut de l'âme en récupérant le message augustinien qui insiste sur la faiblesse de l'homme déchu, livré à l'ignorance, au péché et à la mort. Le Jansénisme exprimera de manière rigoriste cette tendance anti-humaniste, mais toute la chrétienté, des protestants aux jésuites, sera touchée par les préoccupations religieuses comme en témoignent les écrits tourmentés de Du Bartas, d'Aubigné, Jean de Sponde, Jean de Léry ou La Ceppède. Les jésuites, s'autorisant d'un désir de reconquête du terrain perdu, orchestreront un baroque « triomphant ».

Enfin, politiquement, la période est troublée et violente. Aux premières pages du roman pastoral d'Honoré d'Urfé, *L'Astrée*, au tout début du XVIIe siècle, se lit une phrase qui pourrait bien résumer l'état d'esprit dominant : « Rien n'est constant que l'inconstance, durable même en son changement. » La vie politique est faite de complots, de séditions et de répressions, l'autorité royale est contestée, les figures du pouvoir honnies. La vie apparaît factice, désordonnée, fragile, douloureuse. Ce climat incertain est propice à une littérature du doute, de la désillusion, tendue vers un possible renouveau comme l'explique Jean-Pierre Chauveau :

> La littérature de l'âge baroque est la traduction de ce désarroi fondamental ; mais elle est souvent aussi porteuse d'une volonté indéfectible d'affranchissement du doute et de la refondation ; car l'homme baroque est à la recherche de lui-même et d'un sens à sa vie, soucieux à la fois de retrouver ses racines et de s'affirmer en se dessinant un avenir.
>
> *Op. Cit.*, p. 27.

Thèmes et formes baroques

Il est évidemment impossible, face à un courant aussi insaisissable, de concevoir l'existence d'une « école baroque » dont on pourrait dégager une esthétique cohérente ou une quelconque doctrine. À la différence du Classicisme, le Baroque n'a pas suscité de véritable texte théorique permettant d'en définir clairement les orientations. Nous en sommes donc réduits (comme l'ont fait des commentateurs tels Marcel Raymond, Jean Rousset ou Claude-Gilbert Dubois par exemple) à dégager des tendances récurrentes, des caractères significatifs que l'on pourrait organiser en une typologie et en une topique.

Typologie baroque

En recoupant les divers classements proposés, nous retiendrons trois caractéristiques essentielles du Baroque : la métamorphose, l'illusion, l'ostentation.

– *La métamorphose*. L'instabilité générale conduit à privilégier le motif du changement, de la transformation. L'univers est présenté en mouvement, l'être humain est saisi dans son inconstance et sa diversité. Montaigne, par exemple, inscrit son projet d'autoportrait dans cette perspective :

> Le monde n'est qu'une branloire pérenne. Toutes choses y bougent sans cesse : la terre, les rochers du Caucase, les pyramides d'Egypte, et du branle public et du leur. La constance même n'est

> autre chose qu'un branle plus languissant. Je ne puis assurer mon objet. (...) Je ne peins pas l'être. Je peins le passage.
>
> *Essais*, III, 2.

Pour Jean Rousset, qui donne comme sous-titre à son livre sur la littérature baroque « Circé et le Paon », la figure de Circé symbolise cette tendance. Celle de Protée la complète.

– *L'illusion*. On s'adresserait encore à Montaigne pour illustrer cet autre trait pertinent, quand l'auteur des *Essais* affirme : « La plupart de nos vacations sont farcesques. *Mundus universalis exercet histrionam.* » (III, 10). Si l'époque aime le théâtre, c'est parce que s'y déploient les mirages du faux-semblant, du trompe-l'œil, du déguisement et de la feinte. La réalité devient impalpable, « la vie est un songe » et « le monde est un théâtre ». « Je doute qui je suis, je me perds, je m'ignore » fait dire Rotrou à son Amphitryon (*Les Sosies*).

– *L'ostentation*. On placerait derrière ce thème quelques-uns des caractères énumérés par Claude-Gilbert Dubois : « le goût du monumental », « la volonté d'impressionner », « une exhibition de la puissance matérielle », et même « l'importance des superpositions décoratives » (*Le Baroque*, Larousse, « Thèmes et textes », 1973, p. 57-58). En littérature, cette tendance appelle une rhétorique de l'outrance reposant sur des figures comme les antithèses, hyperboles, oxymores, accumulations, sur une surcharge lexicale ou métaphorique, sur la complication et la périphrase. Cette profusion voyante renvoie, pour Rousset, à la figure du paon.

Ces divers caractères se combinent, se mélangent dans l'œuvre baroque : pour parler aux sens, à l'émotion, on insiste sur l'apparence des choses, on grossit leur forme, on recourt aux ressources du merveilleux, on représente les idées abstraites par des images mobiles et miroitantes. De cette volonté de parade, adossée elle-même à des fondements idéologiques et esthétiques, découlent certains thèmes récurrents ou quelques *topoi* représentatifs.

Topique baroque

– *La nature*. Celle-ci, très présente dans les œuvres baroques, devient la preuve de l'instabilité du monde à travers les motifs de l'eau qui coule, de la nuée qui fuit, du vent qui souffle. En outre, la nature, en offrant au regard ses multiples merveilles, atteste la présence de Dieu dont la grandeur contraste avec la petitesse de l'homme. La célébration des beautés de la nature confondue avec l'hommage à Dieu explique l'importance d'une écriture laudative et épidictique.

– *Le bizarre.* Le Baroque aime à surprendre, à choquer, à déstabiliser en inventant des personnages extravagants ou burlesques, en imaginant des héros glorieux, passionnés, révoltés même. De la même façon, et dans un souci de paradoxe, on réhabilite des objets vils ou méprisables, on vante les mérites de la pipe ou du melon, on fait l'éloge de « la belle vieille » ou d'un « beau cadavre ».

– *La mort.* La vision tragique du monde conduit les artistes baroques, et notamment les poètes, à se complaire dans une aspiration macabre, bien assortie à la conviction que la vie est éphémère. Ronsard donne l'exemple dans ses *Derniers vers* (1586) :

> Je n'ai plus que les os, un squelette je semble
> Décharné, dénervé, démusclé, dépoulpé…

De son côté le poète protestant Jean de Sponde écrit des *Stances sur la mort* et *Douze sonnets sur le même sujet* qui connurent un grand retentissement, et où on lit :

> Et quel bien de la Mort ? où la vermine ronge,
> Tous ces nerfs, tous ces os où l'Âme se départ
> De cette orde [sale] charogne, et se tient à l'écart,
> Et laisse un souvenir de nous comme d'un songe.

Le vieux thème du *memento mori* est largement exploité et même plaisamment acclimaté jusqu'à confondre la mort avec une belle séductrice : « L'Amour s'est déguisé sous l'habit de la Mort » (Tristan l'Hermite).

– *Le paraître.* La littérature baroque cultive l'éclat, la brillance en aimant à peindre des sujets élevés et éblouissants : le soleil, les mirages de l'eau, les feux d'artifice… Elle sacrifie volontiers aussi aux charmes de l'illusion, du mensonge, de la tromperie, du double. Elle affectionne les récits compliqués, les effets de théâtre dans le théâtre. Elle proclame la victoire de l'imagination et du merveilleux.

Les œuvres baroques

Foisonnement et diversité

Pas plus qu'il n'obéit à une doctrine constituée, le Baroque ne peut se voir attribuer un chef de file incontesté. Des auteurs célèbres – Ronsard, Montaigne, Corneille, La Fontaine, Molière – ont pu, à certains moments de leur carrière ou dans certains aspects de leur œuvre, rejoindre, par le ton ou par le sujet, les orientations esthétiques baroques. À côté d'eux, une myriade d'auteurs mineurs, en particulier des poètes, a, de façon plus continue et mieux attestée, donné des œuvres de facture baroque. Un peu comme si notre courant se définissait plus en termes de quantité – un foisonnement d'œuvres souvent de second rayon – que de qualité – pas de réel chef d'œuvre, à moins de retenir des titres comme *L'Astrée*, *L'Illusion comique* ou *Le Roman comique* qui débordent des cadres étroits du Baroque. Car celui-ci peut n'être présent dans une œuvre qu'à titre occasionnel, par le biais d'un thème, d'une image, d'une figure de style, et l'est alors rarement de manière exclusive, s'accordant plutôt bien à des tonalités voisines comme la préciosité, le picaresque, le burlesque, l'héroï-comique, la pastorale, l'utopie, etc. Ajoutons que l'incertitude chronologique concernant ce courant permet difficilement de constituer un palmarès indiscutable. Certaines œuvres méritent toutefois d'être retenues dans les trois genres principaux, le théâtre, le roman, la poésie.

Les grands genres

Le théâtre. C'est sur la scène que le Baroque trouve le mieux à exprimer son goût de l'illusion et son sens de la parade. L'art dramatique se prête à la représentation de l'instabilité des choses et des êtres. À l'étranger deux grands noms, Shakespeare et Calderón, exploitent brillamment les ressources du Baroque. En France, Corneille, par ailleurs illustre représentant du Classicisme, commence par s'imposer avec des pièces où se perçoit plus d'un trait de l'esthétique baroque, comme *Clitandre* (1631), *La Place royale* (1634), *L'Illusion comique* (1636), *Le Menteur* (1643). Les autres noms importants sont, dans la génération précédente, Garnier avec *Bradamante* (1582) et *Les Juives* (1583), puis Georges de Scudéry, *Le Prince déguisé* (1637), Rotrou, *Le Véritable saint Genest* (1647), Scarron, *Jodelet ou le maître valet* (1646). Même Molière succombe à la vogue avec ses comédies-ballets et ses pièces à machines comme *Les Plaisirs de l'île enchantée* ou *La Princesse d'Élide.*

Le roman. Ce genre connaît un essor considérable au XVIIe siècle et s'exprime sous des formes et dans des tonalités multiples qui intègrent, dans des proportions variables, les caractères du Baroque. La tendance est aux intrigues compliquées, mettant en scène des personnages nombreux et laissant place à l'imagination et à la fantaisie du narrateur. *L'Astrée* (1607-1628) d'Honoré d'Urfé, longue pastorale au succès retentissant, impose le goût du romanesque que prolongeront des auteurs mineurs comme Gomberville (*Polexandre*, 1620), Desmarets de Saint-Sorlin (*L'Ariane*), La Calprenède (*Faramond ou l'Histoire de France*, 1661-1670), et surtout Madeleine de Scudéry, principale représentante du courant précieux avec *Le Grand Cyrus* (1644) et *Clélie* (1654). Dans une veine plus populaire, parodique ou burlesque, peuvent être mentionnés *L'Histoire comique de Francion* (1623) de Charles Sorel, *Le Page disgracié* (1642) de Tristan l'Hermite, *Le Roman comique* (1651-1657) de Scarron, *L'Autre monde* (1650) de Cyrano de Bergerac.

La poésie. En matière poétique la production baroque est considérable, presque proliférante et se déployant dans des registres variés. Quelques noms dominent, mais ils ne parviennent pas à éclipser les innombrables auteurs obscurs ou carrément anonymes. Dans son anthologie de la poésie baroque intitulée *L'Amour noir* (édition Champion/Sladkine), Albert-Marie Schmidt reproduit quatre-vingt-huit poèmes répartis entre cinquante-deux auteurs dont neuf anonymes. Multiplicité que confirment les autres anthologies de même nature, comme celles de Maurice Allem, de Jean Rousset, de Gisèle Mathieu-Castellani ou de Jean-Pierre Chauveau.

Quatre formes poétiques dominent : l'épopée, copiée sur le modèle italien du Tasse ou de l'Arioste, et illustrée par Du Bartas (*Judith*, 1574), Agrippa d'Aubigné (*Les Tragiques* publiés en 1616), Saint-Amant (*Moïse sauvé*, 1653), Chapelain (*La Pucelle*, 1656), Desmarets de Saint-Sorlin (*Clovis ou La France chrétienne*, 1657). En second lieu la poésie religieuse avec Jean de Sponde (*Poèmes chrétiens*, 1588), Du Bartas (*Première et Seconde semaine*, 1578-1584), La Ceppède (*Théorèmes spirituels*, 1613), Tristan l'Hermite (*La Mort de Sénèque*), Malherbe (*Les Larmes de Saint-Pierre*). La satire ensuite, forme de poésie légère et provocante sur des sujets mineurs ou grotesques dans laquelle s'illustrent Mathurin Régnier, Théophile de

Viau, Sigogne, Montgaillard et, plus tard, Boileau. Enfin la poésie lyrique qui chante la femme, l'amour, la nostalgie, le cosmos ou la mort. Les noms essentiels sont parfois les mêmes : Théophile de Viau, Saint-Amant, Racan mais aussi bien d'autres, moins connus, comme Marbeuf, Du Perron, Chevreau, Gombauld.

Le legs du Baroque

Une esthétique universelle

L'apport du courant baroque à la littérature est somme toute assez réduit. En revanche son influence sur les autres arts, en particulier l'architecture, la peinture et la musique est considérable puisque des noms aussi célèbres et divers que Le Bernin, Borromini, Rosso, Gréco, Vivaldi, Corelli ou Bach relèvent, plus ou moins intensément, de l'art baroque. Par ailleurs il faut rappeler que l'esthétique baroque ne s'est pas limitée à la France mais s'est exprimée simultanément dans de nombreux pays de l'Europe catholique comme l'Italie, l'Espagne, la Bavière, l'Autriche, la Hongrie. Enfin, du Baroque a dérivé un style qui en est très proche, le « maniérisme », terme surtout utilisé en peinture et qui signale de l'affectation, un goût emprunté et contourné – tout en exprimant également un sentiment de doute ou d'incertitude. En poésie, l'équivalent serait le « concettisme », de l'italien *concetto* (trait ingénieux, pointe) dont la trace se retrouve presque en même temps en Angleterre avec l'« euphuisme » (mot tiré de *Euphues*, un roman de John Lily paru en 1578), en Italie avec le « marinisme » (à partir du poète Marino encore appelé Chevalier Marin, auteur d'un *Adonis* en 1623), en Espagne avec le « gongorisme » (repris du poète Góngora). Toutes ces tendances sont, en fait, apparentées au Baroque, mais se rapprochent aussi de la Préciosité.

Baroque et Classicisme

Opposant les deux mouvements, comme on a l'habitude de le faire, Jean Rousset nous rappelle opportunément qu'« on ne peut construire l'histoire du XVIIe siècle sur un simple jeu d'antithèses ». S'il est effectivement commode d'opposer dans une sage succession chronologique les deux courants, la vérité est plus complexe. D'abord parce que, nous l'avons vu, les créateurs se moquent des étiquettes autant que des écoles. Ils prennent leur bien partout où ils le trouvent et l'expriment dans des formes adaptées à leur génie ou à leur imagination. Libre après au lecteur ou au critique de déceler des manifestations ici de Baroque, là de Classicisme.

Ensuite parce que la vitalité de ce couple déborde largement le siècle, comme l'explique une commentatrice :

> Ce clivage illustre une opposition esthétique, vieille comme la création poétique, entre la libre improvisation et la réflexion prudente, l'abondance prodigue et l'avare retenue, la confiance à l'inspiration et la défiance des mots, l'optimisme et le pessimisme.
>
> Odile Biyidi, *XVIIe siècle, Histoire de la littérature française*, Bordas, 1988, p. 62.

C'est peut-être pour avoir su, dans un moment de grâce particulier, concilier la liberté euphorique du Baroque et la discipline raisonnable du Classicisme que le XVIIe siècle mérite d'être appelé « le Grand Siècle ». Odile Biyidi s'arrête à cette explication :

> L'exceptionnelle densité en chefs-d'œuvre de la fin du siècle constitue moins la victoire d'une tendance sur l'autre que l'instant miraculeux d'équilibre des tensions contraires, qui est l'instant de l'intensité.
>
> *Ibid.*

Bonne façon de rendre à chaque courant sa vraie place.

La Préciosité

À l'image du Baroque, la Préciosité correspond davantage à ce que l'on a pu nommer un « courant », littéraire, artistique et même social, qu'à une école littéraire. On pourrait d'ailleurs avancer le même type de précaution pour beaucoup de regroupements d'écrivains et, pour s'en tenir au siècle qui nous concerne, du Baroque et même du Classicisme. Pour des spécialistes du XVIIe siècle, il ne peut y avoir d'équivoque :

> La préciosité n'est pas une école, c'est une tendance. Ses contours et ses limites sont d'ailleurs assez flous [...] C'est en tout cas une tendance qui se manifeste tout au long du XVIIe siècle et qui connaît son apogée dans les années 1650-1660.
>
> Jean-Pierre Landry et Isabelle Morin, *La Littérature du XVIIe siècle*, Armand Colin, 1993, p. 8.

La Préciosité peut être considérée en fait comme l'exagération esthétique, l'excès mondain de la doctrine classique. Ses manifestations s'expriment de façon diffuse dans les œuvres du temps où elle entre en concurrence avec d'autres sensibilités contemporaines, qu'elles soient baroques, burlesques ou classiques. Le tout attestant la richesse et la complexité du Grand Siècle que l'on aurait tort de réduire à son volet le plus prestigieux, le Classicisme.

L'esprit précieux

Avant d'être un style, la préciosité définit un esprit, caractérisé par l'élégance et incarné par une personnalité rayonnante.

L'ère de l'élégance

La société de la première moitié du XVIIe siècle se caractérise par la découverte de la galanterie et du raffinement. Sous l'influence d'écrivains étrangers, dont l'Italien Baldassare Castiglione, auteur d'un ouvrage au succès retentissant, *Il Cortegiano* (*Le Livre du Courtisan*, 1549), on découvre les vertus de la sociabilité et des pratiques qui s'y rattachent : la correspondance, la conversation, la courtoisie, la mondanité. Cette tendance a pour objectifs de corriger la rusticité des manières héritées des générations précédentes (celle du règne d'Henri IV, par exemple), et, au contraire, de récupérer l'idéalisme perdu de l'esprit courtois du Moyen Âge.

Dans cette volonté de retour à des mœurs policées et délicates, les femmes jouent un rôle prépondérant, s'opposant à la brutalité naturelle de leurs compagnons masculins. Ce sont elles qui fixeront les codes de la « distinction » mondaine et qui régenteront le monde des arts et des lettres. René Bray, dans sa tentative pour cerner la notion, commence par insister sur cette « *préciosité de relation* » qui :

> repose sur des rapports mondains, sur l'existence d'une société ; elle ne se conçoit pas hors d'une cour ou d'un salon. Elle n'est pas solitaire, mais publique. [...] Elle suppose la vanité que nourrit le compliment.
>
> René Bray, *La Préciosité et les précieux*, Albin Michel, 1948, p. 392.

À part l'aspect collectif, on est loin d'une école littéraire. Sauf que Bray parle aussi d'une « *préciosité de figuration* » qui dépasse l'époque considérée :

> c'est une tendance de l'individu, du poète ; elle tient à une certaine esthétique [et procède] d'un groupe, d'une école littéraire, liée à la théorie de l'art pour l'art et au dandysme des jeunes-France...
>
> *Ibid.*

De même pour la troisième forme, la « *préciosité de l'expression* », qui touche à l'art du poète, quelle que soit l'époque. Nous resterons pour l'instant dans la Préciosité telle que l'a connue le siècle dit classique.

Auprès de l'« incomparable Arthénice »

Dans cette entreprise de réforme des mœurs dans le sens du raffinement et du bon goût, une femme va s'imposer : Catherine de Vivonne, marquise de Rambouillet (1588-1665), surnommée à partir de l'anagramme de son prénom, Arthénice et qualifiée, souvent, d'« incomparable ».

Dans les premières années du siècle, la jeune femme ouvre les portes de son hôtel situé près du Louvre à toute la société lettrée du temps. La ravissante marquise (on vante souvent son éclatante beauté) reçoit ses hôtes dans la fameuse « chambre bleue », parfois étendue sur son lit. Si l'on néglige les personnalités appartenant au « monde » pour ne retenir que celles qui ont un rapport avec la littérature, la liste des écrivains qui fréquentent l'Hôtel de Rambouillet est impressionnante puisqu'on peut mentionner, parmi d'autres, Malherbe, Racan, Segrais, Vaugelas, Chapelain, Benserade, Cotin, Gombauld, Malleville. On y verra le duc de La Rochefoucauld, qui n'a pas encore publié ses *Maximes*, Rotrou et Corneille qui rivalisent au théâtre ; Guez de Balzac l'épistolier, Scarron, le romancier burlesque. Plus tard, à partir de 1645, deux grands noms féminins des lettres deviendront des habituées et des intimes de la marquise : Mme de Sévigné et Mme de La Fayette.

Le salon de l'Hôtel de Rambouillet devient vite l'antichambre de la création artistique à la mode. On y commente les derniers ouvrages parus, les poètes y lisent leurs vers, les dramaturges présentent leurs tragédies (comme le fait régulièrement Corneille), on polémique sur les mérites comparés des œuvres nouvelles ou des auteurs à la mode. On s'adonne aussi aux plaisirs littéraires, sous la forme de divers jeux, comme celui du « Blason », qu'on emprunte aux siècles précédents et qui consiste à reproduire, en vers, un portrait ou le détail d'un tableau ; ou encore les « Emblèmes » dans lesquels il s'agit de compléter par un quatrain rimé les pages illustrées d'un livre. On pratique encore l'énigme, le proverbe, le portrait mystérieux, le poème à *concetti*, pointe finale dont un exemple (moqueur) nous est donné par Molière avec le fameux sonnet d'Oronte orienté vers une chute surprenante :

> Belle Philis on désespère
> Alors qu'on espère toujours.
>
> *Le Misanthrope*, acte I, scène 2.

Un art de vivre

On devine que la préoccupation majeure de cette société choisie est moins de marquer l'histoire de la littérature que de définir un art de vivre loin du vulgaire et de la gauloiserie. Les « précieux » et plus encore les « précieuses », puisque les femmes donnent le ton, se définissent par une manière d'être (on cherche en tout la singularité), de se vêtir (avec des rubans, des dentelles, des couleurs voyantes), de sentir (le code de l'amour précieux méprise les choses du sexe et recommande un lent cheminement du sentiment), de parler surtout, par la recherche d'un style noble, distingué, purifié de tous mots jugés bas, enrichi de tournures métaphoriques ornées, une forme de « jargon » surchargé d'adverbes, d'hyperboles, de jeux de mots, de paradoxes. Ces comportements, parfois excessifs, nous sont devenus familiers par la peinture pleine de drôlerie et de sévérité qu'en a donnée Molière dans sa célèbre comédie *Les Précieuses ridicules* (1659) où apparaissent les deux jeunes femmes, passablement grotesques mais très à la mode, Cathos et Magdelon. Un roman de l'abbé de Pure, *La Prétieuse* (quatre volumes de 1656 à 1658), avait déjà amorcé la satire, ce que continuera, de façon plus ambiguë, le *Dictionnaire des précieuses* de Somaize (1660). On aurait tort, pourtant de réduire la Préciosité à ces caricatures destinées à faire rire et négliger son apport dans les lettres et dans la pensée.

La dimension littéraire de la Préciosité

Les œuvres

On aura compris que l'influence précieuse est suffisamment diffuse pour se retrouver dans la plupart des œuvres du temps, de

Corneille à Mme de La Fayette, de Malherbe à Racine, de Rotrou à La Fontaine. Et qu'elle se combine souvent à d'autres tonalités : baroque, classique, burlesque.

Quelques auteurs, quelques œuvres, particulièrement représentatifs du courant, méritent toutefois d'être retenus :

Honoré d'Urfé (1567-1625) : ce provincial du Forez, fin lettré et proche de Marie de Médicis s'est rendu célèbre par un volumineux roman *L'Astrée* publié sur une durée de vingt ans (1607-1627) et qui raconte une histoire d'amour contrarié entre des bergers du Ve siècle. Avec beaucoup d'habileté et de savoir-faire, d'Urfé adapte au goût français le roman pastoral teinté d'aventures multiples venu d'Espagne ou d'Italie. Son influence sera considérable.

Madeleine de Scudéry (1607-1701) : elle se situe ouvertement dans la lignée d'Honoré d'Urfé dont elle imite la prolixité et la complexité des intrigues. *Ibrahim ou l'illustre Bassa* (1641), mais surtout *Artamène ou le Grand Cyrus* (dix volumes parus entre 1644 et 1653) et *Clélie, histoire romaine* (1654-1661) développent de complexes histoires galantes et exotiques assorties d'analyses morales et calquées sur la vie contemporaine. C'est dans *Clélie* qu'apparaît la fameuse Carte de Tendre où les rivières, les villes ou les lacs ont pour nom Amitié, Estime, Inclination, Billets galants, Négligence, Indifférence. Ce livre a été publié sous le nom du frère de « l'illustre Sappho » (surnom de Mademoiselle de Scudéry), Georges de Scudéry, lui-même auteur de livres de la même veine.

Vincent Voiture (1597-1648) : son cas est particulier car Voiture, un des fidèles de l'Hôtel de Rambouillet, n'a rien publié de son vivant et s'est contenté de rédiger de petites pièces de vers de facture raffinée et badine dont les titres sont suggestifs : « Sonnet d'Uranie », « La Belle matineuse ». En prose on retient souvent « La Lettre de la Carpe au Brochet » adressée au duc d'Enghien après sa traversée du Rhin. Ses *Lettres* furent réunies en volume un an après sa mort (1649) et contribuèrent à la vogue du genre épistolaire.

Guez de Balzac (1597-1654) : il composa des essais philosophiques, mais gagne la célébrité par ses lettres, groupées en vingt-sept livres, adressées parfois à de grands personnages et destinées à être lues en public – à la différence de ce qu'il en sera pour la correspondance de Mme de Sévigné. Avec lui la Préciosité se pare des outils de l'éloquence, lui-même se voulant l'égal de Cicéron.

D'autres noms, un peu oubliés, mériteraient d'être mentionnés, tels Gomberville, un autre spécialiste du roman d'aventures (*Polexandre*, plus de cinq mille pages, publié entre 1632 et 1637), ou La Calprenède, qui s'illustre dans le genre historique avec, entre autres, *Pharamond ou l'histoire de France* qui se passe dans la Gaule du Ve siècle. En poésie, on citerait Malleville, Benserade, Gombauld, Godeau, l'abbé Cotin, Sarasin, ces deux derniers s'étant affrontés dans une retentissante « guerre des sonnets ». Chapelain, autre habitué de l'Hôtel de Rambouillet et de plus conseiller littéraire de Richelieu, a plutôt sacrifié au genre épique avec sa *Pucelle d'Orléans* (1656). Enfin, en suivant Lathuillère[1], on pourrait ajouter à cette liste le nom, inattendu ici, de Corneille (« *Cléocrite l'aisné* » pour Somaize) dont l'*Œdipe* (1659), n'échappe pas à la vogue précieuse et qui donna des vers pour la *Guirlande de Julie*.

L'esthétique

Nous ne possédons aucun traité théorique ou manifeste énumérant les principes auxquels doivent se soumettre les écrivains précieux. Les dominantes esthétiques doivent être dégagées à partir des œuvres et des comportements – dont il a déjà été question. Tentons une récapitulation. La Préciosité en matière littéraire se caractérise par :

– *Une recherche d'un parler élégant* : on souhaite épurer le langage, le débarrasser de sa coloration savante ou trop marquée du modèle gréco-latin ;

– *Un style contourné et imagé* : fait de périphrases, de métaphores (le fameux « conseiller des grâces » : le miroir, les « trônes de la pudeur » : les joues, les « commodités de la conversation » : les fauteuils, etc.), les adverbes en –ment, les calembours, paradoxes, pointes diverses ;

– *Une poésie mondaine* : mis à part les essais d'épopée (de Chapelain ou de Desmarets de Saint-Sorlin, auteur d'un *Clovis*), on affectionne une poésie légère, galante exploitant les ressources des « petits genres » : stances, sonnets, chansons, épigrammes, madrigaux ; l'œuvre est parfois écrite à plusieurs comme la *Guirlande de Julie*, soixante et un madrigaux écrits par une douzaine de collaborateurs ;

1. Roger LATHUILLÈRE, *La Préciosité, étude historique et linguistique*, DROZ, 1966.

– *Un romanesque idéalisé* : le roman précieux se caractérise par des complications sentimentales liées souvent à des rites et codes inspirés de la tradition courtoise. L'amour, éternel sujet, n'a rien de physique ou de charnel, se limitant au rapprochement des esprits et à la sublimation platonicienne. Outre la « pastorale », la préférence va au récit d'aventures déployé dans un cadre historique d'opérette, aux rebondissements multiples. Les personnages sont toujours exceptionnels (par leur naissance ou leur élévation d'âme), l'écriture est toujours recherchée, affectée même.

L'adjectif « précieux » est aujourd'hui péjoratif et sert à désigner un sentimentalisme excessif, un ton délicat et raffiné qui convient aux joutes gratuites de l'esprit. « La préciosité, déclarait Cioran, est l'écriture de l'écriture : un style qui se dédouble et qui devient l'objet de sa propre quête » (*Précis de décomposition*, 1986). Le jugement vaut pour le registre en général et ne mérite pas de s'appliquer au courant littéraire ici présenté. Il n'empêche que la Préciosité continue à avoir mauvaise presse, et Molière n'est sûrement pas pour rien dans cette réputation fâcheuse – et parfois méritée.

Il ne faudrait pourtant pas se montrer trop sévère à l'égard d'une sensibilité liée à un contexte socio-culturel particulier et qui a pu donner une orientation assez neuve à la littérature française, lui apportant raffinement, souci du plaisir et promotion des valeurs féminines. On doit se rappeler aussi que la Préciosité a dépassé nos frontières puisqu'on la rapproche traditionnellement de l'*euphuisme* en Angleterre, du *gongorisme* en Espagne, du *marinisme* en Italie[1]. On reconnaîtra enfin que ce courant n'a pas, à proprement parler, produit de chef-d'œuvre, sauf si l'on considère que *La Princesse de Clèves*, incontestable réussite romanesque de la fin du XVIIe siècle, en constitue l'aboutissement. Cette épiphanie tardive suffirait à rendre du crédit à la Préciosité dont l'influence courra sur tout le siècle, contaminant des mouvements plus structurés et mieux cotés, comme le Classicisme, et même au-delà, si l'on pense à Fontenelle et surtout à Marivaux.

1. On consultera sur ce point la thèse de Roger LATHUILLÈRE, *La Préciosité, étude historique et linguistique, Op. Cit.*, Deuxième partie : « Les origines de la Préciosité », p. 261 à 323. Voir aussi *supra*, p. 48.

Le Classicisme

Un mot, une notion, une époque

Nous pourrions commencer par une boutade valable pour bien des mouvements littéraires : le Classicisme n'existe pas. La réalité recouverte par ce terme – courte expression historique entre 1660 et 1685 de l'idéal de perfection en art et notamment en littérature – ne serait même, aux yeux d'un spécialiste, qu'un « mythe » engendré par « la politique louis-quatorzienne, attentive à se faire valoir comme état de perfection politique » (Alain Viala, art. « Classicisme », *Dictionnaire des littératures de langue française*, sous la dir. de J.-P. de Beaumarchais, Daniel Couty, Alain Rey, Bordas, 1987). De fait, aucune « école » réellement constituée ne peut être identifiée sous ce terme, aucun texte théorique ne revendique l'appellation, aucun auteur du temps ne s'en réclame directement. Ce qui n'empêche pas ce courant d'être un des plus solidement reconnus par l'histoire littéraire, surtout depuis le XIXe siècle. La fortune du phénomène tient, entre autres choses, aux équivoques liées au mot qui le désigne.

Le mot « Classicisme »

Le substantif « classicisme » est d'emploi assez récent, Le Robert proposant la date de 1825 où il entre dans la langue comme opposé au terme « Romantisme ». Littré, en 1872, le considère encore comme un néologisme, l'affectant d'une portée morale :

> Système des partisans exclusifs des écrivains de l'Antiquité ou des écrivains classiques du XVIIe siècle.

Indépendamment de la portée polémique de la définition et de la mention des écrivains de l'Antiquité, deux aspects que nous aurons à commenter, ce qui est à retenir ici est que le mot s'explique par le renvoi à l'adjectif dont il dérive, *classique*. Or ce terme fait lui-même problème à cause de sa polysémie.

Le premier sens de « classique » est directement hérité du latin *classicus*, mot qui signifie « de premier ordre » ou encore « excellent, remarquable ». Sera jugée « classique » une œuvre (ou un comportement) digne d'admiration, d'imitation, et c'est dans cet emploi qu'on retrouve le mot jusqu'à la toute fin du XVIe siècle. De là découlera une deuxième signification attestée par Richelet dans son dictionnaire de 1680 : « classique » est « ce qui est digne d'être enseigné dans les classes », c'est-à-dire, pour l'époque, les auteurs de l'Antiquité (« *auctores classici* ») et, plus tard, ceux qui appartiennent au patrimoine national ou universel – dont, bien sûr, les grands noms du XVIIe siècle, comme Corneille, La Fontaine ou Racine. Dans *Le Siècle de Louis XIV*, Voltaire recommande précisément l'étude des grands auteurs, qu'il nomme « classiques », du siècle précédent.

Cette acception explique l'usage plus spécialisé apparu au début du XIXe siècle, où « classique », opposé à « romantique », recouvre une esthétique en œuvre dans la deuxième moitié du XVIIe siècle. On doit à Stendhal la définition (restrictive et tendancieuse) de ce couple terminologique largement récupéré par l'histoire littéraire :

> Le romanticisme est l'art de présenter aux peuples les œuvres littéraires qui, dans l'état actuel de leurs habitudes et de leurs croyances sont susceptibles de leur donner le plus de plaisir possible.
> Le classicisme, au contraire, leur présente la littérature qui donnait le plus grand plaisir à leurs arrière-grands-pères.
>
> *Racine et Shakespeare*, 1823, Ch. III, « Qu'est-ce que le romanticisme ? »

Le mot « romanticisme », forgé par Stendhal et qui ne sera pas retenu par l'histoire, est calqué sur son symétrique « classicisme ». La définition est évidemment caduque mais elle contribue à cerner une notion qui n'a rien perdu de sa pertinence.

La notion de « Classicisme »

En superposant ces divers sémantismes, l'épithète « classique » en vient à désigner non une école littéraire, mais une tendance esthétique jugée supérieure, ainsi que l'explique André Blanc :

> On voit comment le mot, bien loin d'être l'enseigne d'une école, n'est au départ qu'un terme laudatif appliqué tardivement à un certain nombre d'écrivains, dont la qualité a fait des modèles d'expression.
>
> *Lire le classicisme*, Dunod, 1995, p. 9.

C'est dans cette direction que vont se développer les nouvelles définitions comme celle de Sainte-Beuve dans un article intitulé « Qu'est-ce qu'un classique ? » (1850).

> Un vrai classique, comme j'aimerais à l'entendre définir, c'est un auteur qui a enrichi l'esprit humain, qui en a réellement augmenté le trésor, qui lui a fait faire un pas de plus, qui a découvert une vérité morale non équivoque (...); qui a parlé à tous dans un style à lui et qui se trouve aussi celui de tout le monde, dans un style nouveau sans néologisme, nouveau et antique, aisément contemporain de tous les âges.

Le grand critique définit ainsi un idéal (apparemment atemporel et rarement atteint) fait d'équilibre, de mesure, d'harmonie. En somme, serait désigné ici, dans un esprit platonicien ou kantien, le beau absolu ou encore le « sublime » ou même le « je ne sais quoi » qui plaît universellement. C'est à cette qualité suprême, expression de la grandeur d'une littérature nationale, que souhaiterait renvoyer l'idée de « classicisme ».

L'étiquette, d'ailleurs, dépasse le domaine strictement littéraire pour s'appliquer aux autres arts comme l'architecture, l'art des jardins, la sculpture ou la peinture. L'idéal classique recouvre ainsi à la fois un goût, puisqu'il désigne des œuvres d'art pouvant satisfaire aux exigences de perfection qui caractérisent l'honnête homme, une philosophie, puisqu'il se fonde sur des règles de sagesse et de raison d'où découlera la hauteur morale, une esthétique enfin, par le souci d'un style élégant mais sobre et discret, soumis à des modèles hérités des Anciens mais exprimés dans une langue nationale accomplie. C'est en ce sens que le mot accède au rang de « mythe » :

> Il s'est formé un mythe du classicisme : il constituerait en état de perfection, un modèle appelé à s'éterniser, parce que capable de transcender les contingences historiques en atteignant une sorte d'idéal supérieur.
>
> Alain Viala, *Op. Cit.*

Le Classicisme historique

Ce miracle d'équilibre propice à l'éclosion d'œuvres irréprochables semble s'être réalisé pendant les deux premières décennies du règne personnel de Louis XIV. C'est durant cette période strictement limitée que s'est déployé le mouvement littéraire que l'on a appelé Classicisme et dont il est question ici. Cette conjonction entre l'émergence du « Roi-Soleil » et l'apothéose du « Grand Siècle » n'a rien de fortuit. Après la période de troubles que furent la fin du règne de Louis XIII et les années de la Fronde (1648-1653), s'ouvre une ère de stabilité favorable à la fécondité artistique. Le milieu littéraire, très proche de la cour, relayé par les salons mondains, infléchit le goût dans le sens du raffinement et de la délicatesse. Un public lettré et distingué attend des œuvres dont il tirera plaisir et édification. Au même moment, une génération d'écrivains quasi contemporains (La Fontaine, Pascal, Mme de Sévigné, Bossuet) arrive à maturité, bientôt suivie par une seconde génération tout aussi brillante (Mme de La Fayette, Boileau, Molière, Racine, Fénelon). Les liens entre ces écrivains sont rares (la légende des « quatre amis » inventée par La Fontaine est sans fondement), mais la force et l'ambition de leur œuvre contribuent à faire de l'époque un moment de prestige incomparable. Avec le déclin du rayonnement royal et la disparition de ces figures remarquables, le mouvement déclinera. Ce lien entre l'histoire et la création est essentiel à la compréhension du Classicisme :

> Époque de domination économique et militaire, et surtout moment-clé dans l'histoire des équilibres européens où la France a joué un rôle constant, le « siècle de Louis XIV » a pu justifier, aux yeux des contemporains eux-mêmes, la certitude qu'ils étaient en train de vivre un « siècle » au même titre que celui de Périclès dans la Grèce du Ve siècle avant J.-C. ou celui d'Auguste au début de notre ère.
>
> Emmanuel Bury, *Le Classicisme*, Nathan, « 128 », 1993, p. 36.

Les origines du Classicisme

L'héritage de l'Humanisme

Sur de nombreux points, le Classicisme reprend et prolonge les valeurs défendues par l'Humanisme au siècle précédent. Comme lui, il recommande le retour à des modèles littéraires empruntés à l'Antiquité ; comme lui, il souhaite mener le combat en faveur d'une langue nationale et prolonge le désir de légiférer en matière de création ; comme lui, il aspire à définir les contours d'une sagesse faite de mesure et d'équilibre, ou une morale exigeante qui récupérerait l'idéal stoïcien inspiré d'Épictète ou de Sénèque ; comme lui, il est traversé de débats religieux nés avec la Réforme et la Contre-Réforme consécutive au Concile de Trente (1545-1563). Par plus d'un trait « l'honnête homme », figure emblématique de l'idéal classique sur laquelle nous reviendrons, ressemble au modèle de l'Humaniste rayonnant de la Renaissance. On peut enfin percevoir chez Montaigne les prémices d'un rationalisme contrôlé qui s'affirmera avec Descartes, des élans vers la liberté de pensée que reprendra à son compte le courant libertin, ou encore les traces d'un scepticisme épicurien peu éloigné de celui de La Fontaine.

Entre spiritualité et philosophie

C'est toutefois dans l'évolution des fondements de la pensée que sont à chercher les sources du Classicisme. Les conséquences de la Contre-Réforme – qu'on a limitée parfois à tort à son influence sur le Baroque – vont imposer au XVIIe siècle un climat complexe de spiritualité catholique d'où découleront des valeurs d'ordre en matière morale, sociale et politique. Ainsi, les thèmes de l'humilité et de la persécution du moi, consubstantiels à l'esprit classique, sont à replacer dans le conflit qui opposera les jésuites, animés d'une morale souple, les humanistes chrétiens comme saint François de Sales ou Bossuet, les jansénistes, menés par l'intraitable Antoine Arnauld que suivent Pascal, Racine ou, de façon plus discrète, La Rochefoucauld, et enfin les quiétistes, représentants d'un courant mystique défendu par Madame Guyon et Fénelon vers la fin du siècle.

En même temps s'affirme le modèle de l'homme de cour qui souhaite s'affranchir de tout dogme religieux, donnant naissance à la figure du *libertin*, mondain sceptique ou épicurien qui se réclame de la nature plus que de Dieu à l'image de la philosophie d'un Gassendi ou d'un La Mothe Le Vayer. Le libertinage influencera durablement les écrivains de l'époque, des œuvres aussi diverses que celles de Cyrano, Sorel, Molière, La Fontaine ou Saint-Évremond en étant marquées. Autre rupture avec l'ordre chrétien, celle imposée par le développement de la pensée cartésienne qui, par la promotion de la raison, récuse la culture antique et revendique des règles de rigueur méthodique ainsi qu'un devoir de progrès.

La volonté de légiférer

En réaction au mouvement baroque, le XVIIe siècle développe très tôt une tendance à codifier le goût littéraire au moyen d'une intense activité théorique. S'inspirant de l'exemple d'Aristote (auteur de la *Poétique*, 334 avant J.-C.) ou des tentatives de la Pléiade, Malherbe, poète officiel d'Henri IV, définit, dans ses *Commentaires sur Desportes* (1627) ou dans ses *Odes*, les conditions d'une poésie respectueuse des règles. Le poète doit s'imposer un travail minutieux loin de la « fureur poétique » de la Renaissance, refuser les rimes faciles ou disgracieuses, les formes incertaines. Vaugelas, proche de Malherbe, fait paraître en 1647 des *Remarques sur la langue française* qui préparent les futures grammaires, comme celles de Richelet (1680) ou de Furetière (1690).

C'est surtout en matière de théâtre que se manifestera ce désir de régenter le goût littéraire. Successivement l'abbé Faret, La Mesnardière, d'Aubignac (auteur d'une *Pratique du théâtre*, 1657) donnent des traités à succès. Guez de Balzac défend les principes de l'éloquence. Et on pourrait citer encore bien d'autres théoriciens comme Chapelain, Le Bossu, Rapin, le père Bouhours. La création de l'Académie française (1635) va dans le sens de cette réglementation de la vie culturelle dont le point d'orgue sera l'ouvrage tardif de Boileau, *L'Art poétique* (1674) qui parvient, dans des alexandrins bien frappés, à condenser les principes de l'art classique.

La doctrine classique

À travers cette importante production théorique à laquelle il faut ajouter les préfaces et autres textes critiques des créateurs, il est possible de dégager une véritable « doctrine » classique constituée à la fois de principes généraux, de règles précises et d'un esprit particulier.

L'ordre classique

On pourrait le résumer à trois exigences :

– *Plaire et instruire* : dans l'esprit des recommandations d'Aristote ou d'Horace, les théoriciens assignent à l'œuvre littéraire une fonction à la fois esthétique et morale. Le premier objectif – plaire – est souvent considéré comme prioritaire ainsi que l'affirme Racine dans une célèbre formule de la préface de *Bérénice* :

> La principale règle est de plaire et de toucher. Toutes les autres ne sont faites que pour parvenir à cette première.

La Fontaine, dans la préface des *Fables*, reprend l'injonction : « On ne considère en France que ce qui plaît : c'est la grande règle, et, pour ainsi dire, la seule. » Boileau, Molière, répètent la même idée, ce dernier rappelant toutefois que la comédie doit en outre corriger les mœurs (« *castigat ridendo mores* »), ce qui rejoint, dans un registre différent, le pouvoir cathartique de la tragédie. La valeur d'édification n'est ainsi jamais éloignée de celle de plaisir. Et tous les genres, même les fables ou les contes légers, doivent viser le même double but comme le signale encore La Fontaine :

> Une morale nue apporte de l'ennui ;
> Le conte fait passer le précepte avec lui.
> En ces sortes de feintes il faut instruire et plaire,
> Et conter pour conter me semble peu d'affaire.
>
> « Le Pâtre et le Lion », *Fables*, VI, 1.

On pourrait même ajouter, comme le fait Alain Génetiot, qu'il s'agit de « plaire pour instruire » à une époque où

> les belles-lettres font partie de la pratique sociale et sont jugées selon des critères extra-esthétiques, en particulier moraux et théologiques, conformément à l'esprit du temps dominé par des préoccupations religieuses.
>
> Alain Génetiot, *Le classicisme*, PUF, « Quadrige », 2005, p. 267.

– *Suivre la nature* : là encore, les inspirateurs sont les Anciens, Aristote (et sa théorie de la *mimesis* : tout art est une imitation), ou Horace et son fameux précepte, *ut pictura poesis*, « la poésie est comme une peinture » (*Art poétique*, I, 226). Ainsi l'art, et donc la littérature, doit « imiter la nature », expression à prendre avec prudence car elle ne signifie pas chercher le réalisme mais surtout respecter dans le style et dans les sujets une juste mesure conforme à la qualité suprême du « naturel ». « Lorsque vous peignez les hommes, explique Molière dans la *Critique de L'École des femmes*, il faut peindre d'après nature » (scène 6). Et Boileau à son tour :

> Jamais de la nature il ne faut s'écarter.
>
> *Art poétique*, III, v. 414.

– *Respecter le bon goût* : en réunissant les qualités précédentes, le bon écrivain atteint cette grâce particulière, mélange de perfection et de naturel, que le siècle appelle « goût » et que nous nommerions « bon goût ». Parlant de l'éloquence, Pascal reformule la règle, édictée par Horace, du *nihil nimis* (« rien de trop ») qui explique le miracle d'équilibre de l'œuvre réussie :

> Il faut se renfermer, le plus qu'il est possible, dans le simple naturel, ne pas faire grand ce qui est petit, ni petit ce qui est grand.

> Ce n'est pas assez qu'une chose soit belle, il faut qu'elle soit propre au sujet, qu'il n'y ait ni rien de trop ni rien de manque.
>
> *Pensées*, 1670, éd. Brunschvicg, Section 1, fragment 16.

Cette modernisation de l'idéal attique que cherche à atteindre l'esthétique classique peut prendre la forme, développée par le théoricien grec que traduit et commente Boileau, du *sublime* (ton ou discours élevé et en même temps simple, dépouillé, harmonieux), de la *grâce* (négligence étudiée qui touche l'âme), ou encore, pour reprendre une expression théorisée par le père Bouhours, du « *je-ne-sais-quoi* qui nous charme et sans lequel la beauté même n'aurait ni grâce ni beauté » (*Dissertation sur « Joconde »*).

Les règles

Pour atteindre cet idéal de « convenance », l'œuvre d'art doit être soumise à des contraintes théoriques qui, sans être des lois rigides, constituent les cadres de la réussite. Les fameuses « règles », surtout valables pour le théâtre se ramènent essentiellement à trois :

– *La vraisemblance* : conformément à l'enseignement d'Aristote, le créateur invente en ayant le souci de ne pas heurter le bon sens du public. À la vérité choquante, il préférera l'artifice vraisemblable. Il doit donc « arranger » la nature, la repenser pour lui donner une allure conforme à la mesure. Le père Rapin, commentant le philosophe du Lycée, le rappelle :

> La vérité ne fait les choses que comme elles sont ; et la vraisemblance les fait comme elles doivent être.
>
> *Réflexions sur la « Poétique »*, 1674.

Ainsi le poète possède la latitude d'« embellir les actions historiques par des inventions vraisemblables » (Corneille, *Discours sur la tragédie*). L'auteur de *Cinna* pas plus que celui de *Phèdre* ne s'en priveront.

– *Les bienséances* : cette fausse vérité de l'art est favorisée par le respect de la « bienséance », qu'elle soit *interne* (refus des excès ou des incohérences psychologiques), ou *externe* (interdiction de montrer des scènes contraires aux bonnes mœurs ou à la décence, d'utiliser un langage déplacé ou vulgaire, d'exprimer des sentiments extrêmes ou outranciers). Rapin résume ainsi ces devoirs :

> Tout ce qui est contre les règles du temps, des mœurs, du sentiment, de l'expression est contraire à la bienséance.
>
> *Ibid.*

– *Les unités :* chacun a en mémoire le fameux distique de Boileau :

> Qu'en un lieu, qu'en un jour, un seul fait accompli
> Tienne jusqu'à la fin le théâtre rempli.
>
> *Art poétique*, III, v. 45-46.

Au nom de la vraisemblance et de l'illusion théâtrale, on ne peut déplacer les personnages en divers lieux (unité de lieu), ou étirer l'action sur une durée exagérée (unité de temps). Plus subtile est la troisième « règle », celle de l'unité d'action qui reprend un principe d'Aristote imposant le refus à la fois de la dispersion du sujet et du mélange des tons.

Les grands auteurs n'ont jamais considéré ces règles comme des lois intangibles. Ils les ont utilisées et parfois cautionnées, mais toujours pour les mettre au service de leur projet, ainsi que l'explique André Blanc :

> Au XVIIe siècle, leur valeur [des règles] est dynamique : c'est ainsi que les comprennent tous les auteurs qui refusent de s'y soumettre trop scrupuleusement. On ne peut dire que Racine, Molière, Boileau, La Fontaine en aient éprouvé la moindre gêne. Si, pour Corneille, le cas est plus complexe, c'est que les règles étaient alors en voie d'élaboration et demandaient des choix esthétiques, donc des renoncements.
>
> *Op. Cit.*, p. 53.

La morale classique

Ce qui a fait la force et l'audience de la doctrine classique est qu'elle a intimement mêlé aux règles de nature technique des impératifs sociaux ou moraux. Aucune législation ne saurait s'imposer si elle ne s'adosse à un solide consensus sociologique. La notion d'« honnêteté » pourrait bien constituer cet élément fédérateur. « Elle légitime en fait, écrit Emmanuel Bury, l'idée même de littérature, en ce que celle-ci joue un rôle fondamental dans la formation et l'institution de l'homme » (*Op. Cit.*, p. 32).

Si l'on en croit Nicolas Faret, auteur de l'ouvrage *L'honnête homme ou l'art de plaire à la cour* (1630) ou le Chevalier de

Méré (*La Conversation*, 1668 ; *Les Discours*, 1677), deux théoriciens de l'honnêteté, l'« honnête homme » incarne les valeurs du Classicisme : l'aptitude à plaire en société, l'art du discours, de la séduction, de la délicatesse, de l'équilibre. Être sociable, mondain, généreux, distingué, il fonde ses choix sur la raison qui le préserve des excès liés à la passion. Il répugne à l'étalage impudique des sentiments et rejoint par là cet effacement du moi jugé « haïssable » par Pascal quand il est marque de vanité. Son éthique de la réserve lui fait préférer en tout la litote à l'ostentation.

Le Classicisme, on le voit, dépasse les limites étroites de la littérature ou de l'art. Le mouvement associe son idéal de rigueur et de perfection à une morale exigeante voire tyrannique comme l'écrira Gide :

> Il me semble que les qualités que nous nous plaisons à appeler classiques sont surtout des qualités morales, et volontiers je considère le classicisme comme un harmonieux faisceau de vertus, dont la première est la modestie.
>
> « Réponse à une enquête sur la renaissance du Classicisme », *Incidences*, 1924.

Le Classicisme dans ses œuvres

Les règles et les exigences morales que nous venons d'exprimer pourraient laisser penser que l'époque classique nous a légué une œuvre aseptisée, contrainte et somme toute affadie. Il n'en est rien. Au contraire, les grands génies du temps ont transcendé les impératifs d'ordre pour créer des œuvres fécondes et fortes, notamment en matière d'art dramatique.

L'âge d'or du théâtre

La production dramatique, timide au début du siècle, incertaine et parfois parodique dans les années 1620-1630, devient, à partir de Corneille, rayonnante, fournissant une série de chefs-d'œuvre qui fondent le crédit du Classicisme.

Le développement du genre théâtral s'explique d'abord par un contexte favorable : les Grands (à commencer par le roi) deviennent les commanditaires et les protecteurs des dramaturges, les aristocrates apprécient le spectacle et aiment à s'y montrer ; le public bourgeois et même populaire est friand de divertissements ; les comédiens enfin, corporation pourtant contestée, obtiennent une certaine reconnaissance. L'autre raison du succès tient à la coïncidence de ce genre avec la tradition théorique héritée d'Aristote. Les fameuses « règles » trouvent en effet dans le théâtre un espace propice à leur expression.

Dans l'abondante production théâtrale du temps, la postérité a retenu, à juste titre, deux génies de la tragédie, Corneille et Racine, et le maître incontesté de la comédie, Molière. Il ne peut être question ici de détailler l'œuvre et l'esthétique de ces grands auteurs, sauf pour rappeler que Corneille et Racine n'appartiennent pas à la même génération (trente-trois ans les séparent), que le premier est resté influencé par le théâtre baroque et la tragi-comédie héroïque, avant de réussir dans les sujets politiques centrés sur le thème de l'honneur, alors que le second correspond mieux, par le dépouillement janséniste de ses sujets et la vigueur de son style, au goût classique. Quant à Molière, comédien et homme de théâtre, il récupère l'héritage de la farce italienne ou populaire pour la rénover et donner à la comédie, dans toutes ses formes, une dignité jusqu'alors inconnue. Ajoutons que tous trois ont non seulement donné quelques grandes œuvres, mais ont laissé d'importants textes théoriques.

Les autres genres

Le théâtre, et notamment la tragédie, constitue, dans la hiérarchie des genres héritée d'Aristote, la forme la plus élevée. Derrière elle figure la poésie, qui, quand elle n'est pas dramatique, occupe une place mineure. Elle se fait souvent légère ou mondaine, comme dans le madrigal, l'ode ou l'épître où s'illustre Boileau, à moins qu'elle soit allégorique avec le cas particulier de la fable et de son génial représentant, La Fontaine, dont le premier recueil paraît en 1668.

Le genre narratif voit s'établir une ligne de partage entre l'épopée, qui conserve tout son prestige, et le roman, forme très dépréciée et critiquée par les doctes, et qui n'accède pas encore au statut de « genre ». Les tentatives romanesques ont du mal à se libérer des suites ou des imitations du grand modèle héroïque et sentimental du début du siècle, *L'Astrée* d'Honoré d'Urfé (1607). Mademoiselle de Scudéry, La Calprenède puis Cyrano, Sorel, Scarron ou Furetière développeront tour à tour une veine précieuse, héroïque, philosophique ou burlesque. Ce romanesque de convention sera éclipsé par le seul véritable roman « classique », *La Princesse de Clèves* de Madame de La Fayette (1677). Les conflits de la passion et de la raison, la qualité aristocratique et historique des personnages, la sobriété de la langue rejoignent les exigences de rigueur du Classicisme. Les romans de Mme de Villedieu, de Saint-Réal, de Segrais ou de Guilleragues (*Lettres de la Religieuse portugaise*, 1669) se ressentent également de l'influence classique.

La dimension éthique présente dans le Classicisme suscite également une littérature d'idées, de réflexion où s'illustrent des moralistes comme Pascal, La Rochefoucauld ou La Bruyère, des mémorialistes comme Retz, des prédicateurs comme Bossuet et Fénelon, des épistoliers comme Guez de Balzac ou Mme de Sévigné. Dans leurs œuvres diverses sont dénoncés les travers de la société contemporaine, les faiblesses de la condition humaine et exposés les principes d'une morale sans illusion teintée de pessimisme.

Périphérie et déclin

Le Burlesque et ses à-côtés

Un mouvement artistique engendre toujours, dans ses marges, des courants annexes qui en sont l'affadissement, la caricature ou la contestation. Nous avons vu quels liens la Préciosité a pu entretenir avec le Classicisme. D'autres courants méritent d'être signalés, en réaction à la fois à l'esprit précieux et à la doctrine classique, tel le *Burlesque*, qui semble plutôt prolonger l'esthétique baroque du début du siècle. Sa définition est donnée par Perrault :

> Le burlesque, qui est une espèce de ridicule, consiste dans la disconvenance de l'idée qu'on donne avec son idée véritable.
>
> *Parallèle des Anciens et des Modernes*

Ce décalage entre un thème et un style prend volontiers la forme de la satire ou de la parodie. Le genre est illustré par Charles Sorel (1599-1674) qui met en scène un personnage populaire et rusé dans *Francion* (1622) ou se moque des excès de la pastorale dans *Le Berger extravagant*, baptisé « Anti-roman ». Scarron (1610-1660) s'est également fait une spécialité de cette tonalité dans *Le Virgile travesti* (1648-1653), adaptation burlesque de l'*Énéide* de Virgile, et même dans *Le Roman comique* (1649-1657), fresque amusante consacrée à des comédiens ambulants. Le très savant et très frondeur Furetière (1619-1688), auteur d'une *Énéide travestie* (1649) sacrifie aussi à la satire dans

Le Roman bourgeois (1666). Boileau (1636-1711) donne, avec *Le Lutrin* (1674) une parodie d'épopée en vers. Saint-Amant, Tristan, Voiture ou Cyrano (dans ses deux récits posthumes, *Histoire comique du voyage dans la lune*, 1659 ; *Histoire comique des États et Empires du soleil*, 1662) se sont également essayés à ce ton dont la dimension ludique l'éloigne du goût mondain et délicat.

À propos des derniers nommés, on a avancé, au XIXe siècle, le nom de « *grotesques* » (terme imposé par Théophile Gautier en 1844), pour désigner des auteurs faisant preuve d'une certaine fantaisie d'esprit, d'une originalité qui peut friser l'extravagance.

Enfin, dans un registre bien différent, il faut faire mention d'une famille d'écrivains ou de penseurs de cette période qui, sans réellement former une école, sont souvent réunis sous une étiquette commune, les *libertins*, entendus comme ceux qui illustrent le courant appelé, depuis René Pintard, « le Libertinage érudit »[1]. L'épithète doit distinguer ce libertinage religieux et philosophique, qui conteste les dogmes du catholicisme, prône l'émancipation personnelle et réclame l'avènement d'une forme d'épicurisme moderne, du libertinage moral tel qu'on le rencontre au XVIIIe siècle dans les œuvres de Crébillon ou de Laclos, qui toutefois en découlent. Les poètes dits « baroques » ont parfois initié la résistance (Maynard, Tristan, Saint-Amant, Théophile) – illustrant cette loi d'époque de l'interpénétration des tendances et courants. Le relais est assuré par des savants respectés comme La Mothe Le Vayer, Gassendi, Naudé qui influenceront Cyrano ou Molière, avant d'ouvrir la voie aux précurseurs des « philosophes » que sont Fontenelle, Bayle ou Saint-Évremond.

La crise des valeurs classiques

Les deux dernières décennies du siècle marquent à la fois le déclin du rayonnement royal, la disparition des figures représentatives du Classicisme, et l'émergence d'une littérature d'idées qui annonce l'insolence philosophique des Lumières. L'année 1687 est traditionnellement avancée pour dater la fin officielle du courant classique. Le 27 janvier de cette année-là, Charles Perrault lit à l'Académie française un poème, *Le Siècle de Louis-le-Grand*, dans lequel il soutient que l'ère de Louis XIV a été

1. René PINTARD, *Le Libertinage érudit dans la première moitié du XVIIe siècle*, Boivin, 1943.

supérieure à celle d'Auguste. C'en est assez pour déclencher un conflit idéologique et littéraire qui durera jusqu'à la fin du règne de Louis XIV et qu'on appellera « La Querelle des Anciens et des Modernes ». Perrault, dans son propos, ne faisait que reprendre une vieille question qui avait agité le siècle : les Anciens, c'est-à-dire les écrivains gréco-romains, peuvent-ils être considérés comme supérieurs aux créateurs contemporains ? La réponse est pour lui négative, les progrès de l'esprit autorisant une amélioration de la création.

En 1676, les Modernes avaient déjà gagné une bataille en obtenant que les inscriptions figurant sur les monuments fussent faites en français et non en latin. Fontenelle, Saint-Évremond, appuient la décision et s'opposent aux doctes de l'Académie (Boileau, La Fontaine, La Bruyère). La contestation de l'autorité des Anciens au nom de la raison et de la liberté sonne le glas de la doctrine classique et prépare l'avènement d'une littérature de combat – comme le laissent percevoir les ouvrages de critique sociale ou politique de la fin du siècle dus à La Bruyère, Fénelon, Saint-Simon (représentants des « Anciens ») ou Fontenelle et Bayle, qu'on placerait parmi les « Modernes », mais qui se rapprochent surtout du courant libertin.

L'idéal classique, toutefois, survivra à l'époque qui a vu son éclosion. Le XVIIIe siècle, bien que tendu vers des enjeux différents, ne fera que reprendre et prolonger quelques préceptes esthétiques en matière de poésie ou d'écriture dramatique. Voltaire, par exemple, représentant avéré de la philosophie des Lumières, tentera de prolonger l'esthétique de la poésie classique. D'ailleurs, la figure du « philosophe » reconnaîtra sa dette à l'égard de celle de l'« honnête homme ». Mais au-delà de rémanences épisodiques, l'esprit du Classicisme se retrouvera – en France et hors de France – dans toutes les créations – littéraires et non-littéraires – qui se réclament d'une facture rigoureuse, ordonnée, épurée, d'un contenu mesuré, délicat, équilibré. Cette conception « apollinienne » de l'art a traversé les siècles pour exprimer, face à son pendant « dionysiaque », une inclination permanente de la création vers la perfection.

Le dix-huitième siècle

Les Lumières

Courant littéraire ou mouvement philosophique ?

Une littérature au champ élargi

Le XVIIIe siècle, siècle de la liberté, semble naturellement rétif à tout embrigadement taxinomique ou même aux simples rapprochements entre individus susceptibles de constituer une école ou un mouvement littéraire. Les puissants génies qui l'incarnent – Montesquieu, Voltaire, Diderot, Rousseau, pour s'en tenir aux plus grands – ont parfois entretenu des relations entre eux, mais rarement des amitiés durables, des convergences esthétiques ou idéologiques, et ils ne possédaient pas ce goût de l'engagement collectif qui permet de se lier dans une aventure artistique commune.

C'est donc par commodité opératoire et un peu par abus de langage que l'on peut proposer ici un chapitre portant le titre « les Lumières ». Car si cette appellation est bien pertinente pour recouvrir un courant intellectuel et philosophique couvrant une bonne partie du XVIIIe siècle, en gros de 1715 à 1789, elle n'a conquis sa validité que de manière récente (depuis une cinquantaine d'années à peine), elle désigne un mouvement qui dépasse largement les frontières françaises, elle concerne davantage l'histoire des idées que celle des œuvres littéraires, elle se définit enfin plus par une communauté d'objectifs ou de thèmes – culte de la raison, confiance au progrès, aspiration au bonheur, devoir d'instruction, esprit d'émancipation, critique des abus et des préjugés – que par la rencontre concertée, autour de principes théoriques fédérateurs, de créateurs solidaires.

Ces réserves, pourtant, ne doivent pas nous empêcher d'annexer l'œuvre des Lumières à la littérature car la volonté philosophique qui anime les auteurs choisit, pour s'exprimer, des formes ou des genres ressortissant au strict domaine littéraire. On citerait sur ce point, le commentaire de Jean-Marie Goulemot soulignant l'imbrication étroite entre philosophie et littérature :

> On sera donc tenté de poser que tout est littérature au siècle des Lumières : des dictionnaires aux romans, sans oublier les discours ou les dialogues. [...] Les Lumières vont donc s'inventer une littérature qui leur soit spécifique en commençant par annexer les formes littéraires. Ainsi la philosophie est partout : elle occupe le roman, investit le théâtre, s'installe même en poésie.
>
> *La Littérature des Lumières*, Bordas, « En toutes lettres », 1989, p. 4-5.

Analyse qui ne doit pas nous laisser penser que la littérature « peut se réduire à ce rôle modeste de véhicule de la philosophie » (*Ibid.*). Car, comme le précise encore le critique, « elle ne fait pas seulement de la philosophie une chose agréable : souvent elle la transforme, sans cesser pour autant de la parer. »

Si on peut légitimement faire des Lumières un courant littéraire, il faut cependant préciser que les œuvres qui en sont issues, autant que leurs auteurs, échappent aux classifications qui sont les nôtres. La littérature, au sens actuel du terme, est alors une notion ignorée ou au moins incertaine, remplacée par des catégories héritées d'Aristote : poésie, théâtre, épopée… De même, l'homme de lettres d'hier, nourri d'humanités et soucieux de beau langage, se transforme désormais en homme de pensée au service de la raison. Cet esprit universel, qu'on nommera *philosophe*, va, en somme, par son idéal encyclopédique, élargir le champ de la littérature.

Qu'est-ce que les Lumières ?

Ce titre, emprunté à Kant, pour tenter de clarifier un mot et une notion. Le terme *lumières* est repris au lexique religieux à partir du latin *lumen*, éclat divin, et *luminaria*, flambeau. Le mot entre dans la langue française au XIIe siècle et prend vite un sens figuré : « ce qui éclaire et guide l'esprit, ce qui rend visibles les obscurités. » Littré, à qui l'on doit cette définition, ignore l'emploi pluriel que l'on voit en revanche apparaître dans le dictionnaire plus récent de Robert : « Les Lumières, la capacité intellectuelle naturelle ou acquise », assorti de cette précision : « C'est au XVIIIe siècle que cet emploi eut sa plus grande vogue, et on ne l'utilise plus guère que par allusion à cette époque. » Une citation de Taine illustre ce sens :

> Aux approches de 1789, il est admis que l'on vit dans « le siècle des Lumières », dans l'« âge de la raison », qu'auparavant le genre humain était dans l'enfance, qu'aujourd'hui il est devenu majeur.
>
> *Les Origines de la France contemporaine*, 1875-1893.

Dans cette acception métaphorique le mot est présent dès le XVIIe siècle et on le retrouve chez Voltaire qui se demande « À quoi nous servent nos lumières, si nous conservons toujours nos abus ? » (*Dictionnaire philosophique*), inaugurant une mode lexicale révélatrice d'un état d'esprit bien défini par un commentateur :

> Cette métaphore domine toute l'époque, déployée autant que le permet le jeu des synonymes : à la clarté, à la lumière, au grand jour, s'opposent l'ombre, la nuit, l'obscurité, les ténèbres ; les hommes sont aveuglés ou bien éclairés ; il faut lever le voile, ôter le bandeau qui dissimule le vrai [...]. Elle est aussi le slogan, ou le ralliement dans la grande bataille, et même cri de victoire, puisque les Lumières, croit-on, sont en train de gagner. Il y a de la joie dans ce mot.
>
> Jean Renaud, *La Littérature française au XVIIIe siècle*, Armand Colin, « Cursus », 1994, p. 14.

On s'accorde par ailleurs à rapprocher le mot de son homologue allemand *Aufklärung* (de *aufklären*, éclairer) qui s'impose vers la fin du XVIIIe siècle et qui donnera à Kant l'occasion d'une célèbre mise au point :

> Qu'est-ce que les Lumières ? La sortie de l'Homme d'une minorité qui n'est imputable qu'à lui. La minorité, c'est l'incapacité de se servir de son entendement sans la tutelle d'un autre. [...] *Sapere aude* ! Aie le courage de te servir de ton propre entendement : telle est donc la devise des Lumières.
>
> *Qu'est-ce que les Lumières ?*, 1784.

Le terme se retrouve dans les autres langues européennes : *Enlightenment*, *Illuminismo* ; et désigne toujours cette foi en la raison et en l'intelligence évoquée par le philosophe allemand sans pour autant recouvrir totalement le courant français :

> Cette interprétation s'applique-t-elle aux Lumières françaises ? pas exactement, semble-t-il. La philosophie française du XVIIIe siècle est beaucoup moins rationaliste que la philosophie allemande contemporaine.
>
> Jean de Viguerie, *Histoire et dictionnaire des Lumières*, Robert Laffont, « Bouquins », 1995, p. 1138.

Nuance mineure qui n'hypothèque pas le sens général de ce courant vivace bien que non théorisé, conformément à l'esprit de subversion qui l'anime :

> L'unité des Lumières serait ainsi avant tout dans un esprit commun, dans une incitation partagée à s'affranchir de toute tutelle qui prétend à une autorité absolue et indiscutable.
>
> Jean-Jacques Tatin-Gourier, *Lire les Lumières*, Armand Colin, 2005, p. XII.

Contexte historique et culturel

Une époque de mutation

Le domaine que nous appelons « Lumières » peut, pour la plupart des analystes, être délimité par deux dates : 1715, la fin du règne de Louis XIV, et 1789 le début de la Révolution française. Entre le déclin du Roi-Soleil et l'écroulement de l'Ancien Régime, ou encore de la fin du rayonnement « classique » à l'apparition de la sensibilité « préromantique ». Période de transition donc, mais également période riche et féconde en mutations. À la mort de Louis XIV, son arrière-petit-fils, Louis XV, est proclamé roi et le duc d'Orléans devient régent. Les huit années de Régence marquent un changement radical dans le climat politique et social. Philippe d'Orléans gouverne de façon plus libérale, augmente les pouvoirs du Parlement, tolère voire encourage le relâchement des mœurs. Louis XV, qui dirigera le pays pendant plus de cinquante ans (1723-1774), d'abord très populaire, perdra progressivement l'estime de ses sujets par des choix maladroits en matière politique, sociale ou idéologique. L'interdiction de *L'Encyclopédie* (1751), l'exécution du protestant Calas (1762) tout autant que la Guerre de Sept Ans (1756-1763) et l'affaire des Parlements (réforme controversée des cours de justice) ou la place encombrante des favorites Mesdames Du Barry et de Pompadour, achèvent de dégrader l'image du pouvoir et de favoriser l'esprit de contestation. À son arrivée sur le trône, Louis XVI hérite d'une situation agitée et d'une opposition radicalisée qu'il ne parviendra pas à maîtriser.

L'essor du livre

Le XVIIIe siècle en général est celui d'un remarquable foisonnement littéraire lié à ce qu'on peut appeler une démocratisation du livre. Le recul relatif de l'analphabétisme, les progrès dans l'impression et surtout la diffusion des livres permettent de répandre le savoir. Tout le monde écrit : aristocrates, bourgeois, fils du peuple, hommes, femmes. Encore plus de monde lit et attend du livre à la fois un divertissement, une information et une « instruction ». Même si, malgré la littérature de colportage, le peuple et la campagne restent souvent exclus de la vie intellectuelle, l'augmentation du nombre de lecteurs potentiels est considérable (on avance le chiffre de 500 000) ; les périodiques se développent et, innovation, de nombreux journaux parfois spécialisés reçoivent la collaboration d'écrivains de renom (Prévost, Marivaux, Voltaire, Diderot…).

Parallèlement à cette évolution, le statut de l'écrivain change. Convaincu de son indépendance (il n'est plus un courtisan stipendié par un mécène), de son droit à la libre parole et de sa mission de diffuseur des lumières, l'auteur de livres ne recule devant aucun sujet, défie la censure par ses hardiesses et s'impose comme un acteur important du paysage socio-culturel. Le modèle anglais (très influent) pousse les hommes de plume à réclamer une considération qui leur était jusque-là refusée, comme le fait Voltaire dans l'article « Lettres, gens de Lettres ou Lettrés » du *Dictionnaire philosophique*, et même, vers la fin du siècle, à s'organiser pour obtenir une législation en matière de propriété littéraire.

La vie de l'esprit

Quatre lieux particuliers, les salons, les cafés, les clubs et les académies servent de tremplin à la diffusion des idées et des goûts. Dans les salons, tenus exclusivement par des femmes (la duchesse du Maine, Madame de Lambert, Madame du Tencin, Madame du Deffand, Madame Geoffrin, Mademoiselle de Lespinasse, Madame Necker…), se rencontrent les plus grands esprits du siècle qui viennent, avec impertinence et brio, chercher l'appui que la cour leur refuse. Beaucoup d'idées ou d'œuvres littéraires naissent dans ces hôtels luxueux où la mondanité le dispute à la sédition. Les cafés, comme le *Laurent*, dont Montesquieu vante les prestiges (*Lettres persanes*, XXXVI), ou *La Régence* que fréquente le héros de Diderot, le neveu de Rameau, ou encore *Le Procope* ou *Le Gradot*, sont d'autres foyers de la subversion intellectuelle. De même, à un degré moindre les clubs, copiés de l'Angleterre où l'on raisonne, débat, conteste…

Enfin, les Académies contribuent à alimenter la vie de l'esprit. En province entre 1715 et 1789 seront fondées vingt-huit Académies (regroupant près de six mille académiciens) dont la fonction est de décerner des prix, d'encourager des travaux scientifiques, de favoriser la réflexion sur des sujets philosophiques, moraux, historiques ou littéraires. Les deux concours organisés par l'Académie de Dijon en 1749 et 1753 permettront à Rousseau de se faire un nom en littérature.

D'une manière formelle dans les Académies, ou plus libre dans les salons ou les cafés, le siècle aime à converser :

> C'est un « art » dont les romans détaillent les règles, décrivent chaque facette : anecdotes, mots d'esprit, argumentation rapide, balles saisies au bond, galanterie, degré infini de la politesse et de l'impertinence…
>
> Jean Renaud, *Op. Cit.*, p. 45.

L'écriture épistolaire, très répandue, prolonge cet art de la conversation qui représente la face mondaine d'une aspiration générale à la liberté d'expression, de goût et de pensée que l'on trouve ailleurs sous des formes plus militantes.

L'élargissement du monde

Une des caractéristiques du siècle, composante remarquable de l'esprit des Lumières, est ce que l'on a pu nommer le « cosmopolitisme ». Cette ouverture au monde s'exprime de deux manières : en premier lieu la curiosité pousse les penseurs et philosophes à emprunter aux voisins ou à traverser les frontières. L'influence anglaise en matière de réflexion scientifique et politique est fondamentale, attestée par exemple par les *Lettres anglaises ou philosophiques* de Voltaire et la diffusion des thèses de Locke ou de Newton en France. Parallèlement l'auteur de *Candide* est invité par Frédéric II de Prusse et Diderot par

Catherine de Russie. Enfin les écrivains pratiquent les langues étrangères et le français se lit partout en Europe.

L'autre façon de s'ouvrir au monde est l'engouement pour les voyages lointains et l'exotisme qui en découle. Des diplomates, des savants, des aventuriers parcourent le monde et ramènent des récits qui nourrissent l'imaginaire ou la fantaisie et en même temps ouvrent une réflexion sur l'ethnocentrisme. En témoignent, dès le début du siècle, le texte du baron La Hontan (*Dialogues curieux entre l'auteur et un sauvage de bon sens qui a voyagé*, 1703) puis le roman célèbre de Montesquieu (*Lettres persanes*, 1721) ou le récit de Diderot (*Supplément au voyage de Bougainville*, 1773). Cette curiosité donne naissance aussi bien à la mode du conte galant oriental (relevant de la littérature libertine) qu'à l'interrogation fameuse sur le « bon sauvage » à propos de laquelle s'opposent Rousseau et Voltaire, ou encore la littérature utopique qui invente des ailleurs improbables.

L'esprit des Lumières

La figure du philosophe

Évitons d'abord tout malentendu. Le mot *philosophe*, largement employé pendant cette période, ne recouvre pas exactement le sens moderne mais désigne plutôt un homme qui se sert de sa plume pour défendre des idées audacieuses, un écrivain contestataire qui refuse les préjugés, un esprit universel qui se pique de science mais aussi de belles-lettres :

> Le philosophe forme ses principes sur une infinité d'observations particulières [...]. La vérité n'est pas pour le philosophe une maîtresse qui corrompe son imagination, et qu'il croie trouver partout ; il se contente de la pouvoir mêler où il peut l'apercevoir. [...] L'esprit philosophique est donc un esprit d'observation et de justesse, qui rapporte tout à ses véritables principes [...]. Le philosophe est donc un honnête homme qui agit en tout par raison et qui joint à un esprit de réflexion et de justesse les mœurs et les qualités sociales.
>
> Dumarsais, art. « Philosophe », *Encyclopédie*.

Il faudra revenir sur divers éléments de cette définition, mais nous retiendrons pour l'instant la fonction sociale du philosophe qui s'ajoute à sa naturelle mission intellectuelle. En tant que détenteur du savoir, il doit guider les hommes sur la voie du progrès et de la sagesse. Notamment en dénonçant les impostures et en critiquant les abus. Il est un combattant du vrai et, comme l'écrit Diderot « Il [lui] faut tout examiner, tout remuer sans exception et sans ménagement » (art. « Encyclopédie », *Encyclopédie*). Les superstitions, le fanatisme, le dogmatisme ne doivent pas échapper à son esprit critique. Il prépare en cela la figure de « l'intellectuel engagé » du XXe siècle.

L'encyclopédisme

L'époque des Lumières est celle de la croyance au savoir universel. Reprenant à leur compte les idéaux humanistes de la Renaissance, les philosophes souhaitent comprendre et expliquer l'univers grâce à un travail minutieux d'observation et d'analyse :

> Dans le premier versant du siècle, observer, inventorier et classer constituent des activités prioritaires [...] : la complexité de la nature exige d'abord des observations méthodiques et scientifiques.
>
> Jean-Jacques Tatin-Gourier, *Lire les Lumières, Op. Cit.*, p. 13.

Dans un siècle où la répartition des savoirs n'est pas aussi cloisonnée qu'aujourd'hui (la philosophie est proche de la mathématique, elle-même peu éloignée de la médecine, de l'histoire naturelle ou de l'économie politique), l'homme de pensée rêve d'embrasser les champs multiples de la connaissance. Les écrivains les plus réputés du siècle sont férus de mathématique, de physique, de biologie, de botanique. Inversement, des savants spécialisés parviennent, par leur talent de vulgarisateurs, à faire œuvre littéraire (Buffon, d'Alembert, d'Holbach, Condorcet…).

Cette volonté ambitieuse se cristallise par exemple dans l'œuvre du naturaliste Buffon (1707-1788) auteur de l'*Histoire naturelle générale et particulière*, œuvre monumentale d'une trentaine de volumes qui commence à paraître en 1749. L'autre entreprise est celle initiée, deux ans plus tard, *L'Encyclopédie*, dirigée par Diderot et dont le sous-titre, *Dictionnaire raisonné des sciences, des arts et des métiers*, est révélateur d'une ambition universelle. Pour favoriser le progrès et rendre l'homme heureux l'encyclopédiste doit rendre accessible à tous le savoir universel :

> Le but d'une encyclopédie est de rassembler les connaissances éparses sur la surface de la terre ; d'en exposer le système général

> aux hommes avec qui nous vivons et de le transmettre aux hommes qui viendront après nous.
>
> Diderot, art. « Encyclopédie », *Encyclopédie.*

L'ouvrage de Diderot est le plus important publié (dix-sept volumes plus onze volumes de planches, cinq volumes de suppléments, deux volumes d'index) ; il demandera vingt et un ans de travail, la collaboration de cent cinquante spécialistes dont les plus grands noms du siècle. Une trentaine d'années plus tard, le libraire Charles Panckouke entreprend une *Encyclopédie méthodique* encore plus gigantesque qui ne sera achevée qu'en 1832. Le goût de l'érudition est définitivement lancé.

Les fondements conceptuels des Lumières

Il n'est guère possible, pour un mouvement de pensée tel que les Lumières, de dégager les composantes d'une esthétique. La notion se définit davantage par des fondements intellectuels qui contribuent à caractériser cet esprit particulier. On retiendra cinq principes essentiels de la pensée des Lumières :

– *La raison* : pour balayer les préjugés et le faux savoir des siècles précédents, les philosophes souhaitent fonder leur réflexion et leurs écrits sur la raison, arme de la critique et de la vérité. Autant que moyen d'accès à la sagesse, la raison est source d'émancipation et de bonheur car elle invite à rejeter toute métaphysique.

– *L'expérience* : dans une perspective comparable, la pensée doit avancer avec une prudence et une rigueur scientifiques, en procédant méthodiquement à l'observation et à l'expérimentation. Les grandes orientations philosophiques (Empirisme, Sensualisme) procèdent de cette volonté de soumettre l'univers à un examen critique inspiré des sciences exactes. C'est de cet esprit positif qui prétend dépasser Descartes (pour qui la raison était une qualité abstraite et innée) qu'héritera la pensée rationnelle des XIXe et XXe siècles.

– *La nature* : le mot est largement répandu et la réalité qu'il recouvre multiple. Tantôt assimilée aux éléments du réel, tantôt à un principe universel et abstrait, tantôt à un décor agreste, la nature devient la référence nécessaire suivant qu'on souhaite justifier l'entreprise de description de l'univers, comprendre les comportements humains sans recourir à la religion, cultiver la sensibilité au contact d'un spectacle chargé d'émotion.

– *La sensibilité* : à côté de l'esprit de sérieux véhiculé par le « rationalisme critique », le siècle voit se développer, dès ses premières décennies mais surtout à partir de 1750, tout un courant qui réhabilite l'émotion et les sens. « Il n'y a que le sentiment, écrit Marivaux, qui puisse donner des nouvelles un peu sûres de nous » (*Le Cabinet du philosophe*, 1730). Reprenant les thèses de Locke et de Condillac, Helvétius ou Diderot tireront le sensualisme vers le matérialisme. Plus idéaliste, Rousseau fera de la sensibilité l'expression de la vertu et de la vérité de l'être.

– *Le bonheur* : la pensée des Lumières donne au mot bonheur un sens laïque qu'on peut rapprocher du plaisir, ainsi qu'y invite Rousseau décrivant « l'heure parfaite » vécue par Julie : « … sentir et jouir sont pour moi la même chose, je vis à la fois dans tout ce que j'aime et me rassasie de bonheur et de vie » (*La Nouvelle Héloïse*, lettre VIII). La recherche du bonheur est à l'origine de la démarche philosophique visant à la connaissance, à l'instruction, au progrès, à la maîtrise de soi-même. Les hommes aspirent à vivre mieux dans le « luxe et (…) la mollesse » (Voltaire, *Le Mondain*). Le bonheur est fourni par la nature et par la sensibilité, et semble indissociable de la vertu – autre valeur remarquable du siècle.

L'œuvre des Lumières

Les objets du combat

La littérature – confondue alors avec la philosophie – doit, pour les Lumières, servir la pensée et combattre l'obscurantisme. Ce militantisme littéraire vise essentiellement deux domaines : la religion et la politique. En matière religieuse, les Lumières récusent, au nom du rationalisme, les dogmes théologiques à l'origine, pense-t-on, de la superstition, de l'intolérance et du fanatisme. Le débat métaphysique paraît stérile, les principes chrétiens étant bafoués par un clergé corrompu. La conception d'un Dieu omnipotent et rédempteur est remplacée par l'image déiste d'un créateur simple « horloger » ou « architecte » de l'univers, ou carrément niée par l'athéisme scientifique de certains matérialistes comme Diderot.

La bataille politique, liée à la précédente, est encore plus importante. Les philosophes refusent le modèle monarchique de droit divin qu'ils aspirent à remplacer par un gouvernement « éclairé », de nature constitutionnelle à l'image de celui que connaît l'Angleterre. Le monarque réformateur idéal sera celui qui s'éloigne de l'arbitraire et de l'intolérance, qui œuvre dans le sens de la liberté (de pensée, d'expression, d'action en matière économique par exemple), qui associe même, comme l'explique Rousseau, le peuple souverain à la gestion de l'État dans une conception contractuelle. Si les philosophes des Lumières refusent les privilèges et réclament l'abolition de l'esclavage, ils ne préconisent pas le renversement du régime et l'avènement d'une société égalitaire. Ce sont leurs lecteurs qui trouveront dans leur pensée le ferment d'une révolution sociale et politique.

Les formes littéraires

L'esprit de contestation caractéristique des Lumières investit les différents genres littéraires et se mêle même à une littérature légère qu'il enrichit d'intentions polémiques. Si bien qu'à côté des véritables œuvres de théorie ou de combat – essais, discours, dictionnaires, mémoires, pamphlets – écrites souvent dans une prose élégante et accessible (*L'Esprit des Lois* de Montesquieu en 1748, *Le Contrat social* de Rousseau en 1762, *Le Traité sur la Tolérance* de Voltaire en 1763, *Le Rêve de d'Alembert* de Diderot en 1769, etc.), se développe une littérature satirique ou subversive qui emprunte les voies plus classiquement rattachées à la littérature.

C'est le cas du *conte philosophique*, récit imaginaire assez court qui se fixe comme intention de véhiculer un message moral ou philosophique. Voltaire surtout, mais aussi Diderot ont illustré ce genre en l'accommodant volontiers à la mode orientale. C'est également le cas du *roman épistolaire* inspiré de l'anglais Richardson et dont le modèle, largement imité, reste *Les Lettres persanes* de Montesquieu (1721) où la critique se sert de l'arme du « regard neuf » ; ou encore du *roman-dialogue* dont Diderot s'est fait une spécialité (*Jacques le fataliste et son maître*, *Le Neveu de Rameau*) qui pervertit les codes romanesques et invite à la réflexion.

L'invention romanesque permet aussi l'expression de la sensibilité, soit qu'elle traduise la douloureuse confrontation avec le monde (*Manon Lescaut* de l'abbé Prévost, 1731 ; *La Vie de Marianne* de Marivaux, 1731-41), soit qu'elle exprime les tourments du cœur (*La Nouvelle Héloïse*, 1761), soit qu'elle décrive la froide manipulation du sentiment (chez Crébillon, Laclos ou Sade). C'est encore de cette inspiration « sensible » que l'on rapprocherait la nouvelle « écriture du moi » magistralement illustrée par *Les Confessions* de Rousseau.

L'esprit des Lumières gagne en fait tous les territoires de la littérature puisque même la poésie, genre déclinant à l'époque, permet, de Voltaire à Chénier, d'exprimer des émotions sentimentales autant que des convictions philosophiques ; le théâtre aussi est concerné : genre très vivace à l'époque surtout sous la forme de la comédie, où, parmi une myriade d'auteurs, on peut retenir les noms de Lesage, Marivaux, Diderot et surtout Beaumarchais, le meilleur représentant du persiflage contestataire au théâtre.

Ajoutons enfin que, quelle que soit la forme littéraire choisie, une tonalité spécifique s'accorde à la volonté démystificatrice du siècle : l'ironie. Sous la forme de l'antiphrase, du paradoxe, du badinage ou de la parodie, l'écriture ironique devient l'emblème de l'irrévérence et de la liberté.

Plus qu'une influence précise sur l'inspiration littéraire des époques suivantes, l'entreprise des Lumières aura légué au futur un état d'esprit – celui de l'émancipation et de la critique –, un ton – celui de la légèreté corrosive –, une attitude – celle de l'implication de l'homme de pensée dans les combats de son temps.

Le Préromantisme

Une période plus qu'un mouvement

Le Préromantisme existe-t-il ?

Avec le Préromantisme, nous touchons aux limites de la notion de courant littéraire. D'abord parce que le mot et la réalité qu'il recouvre sont absents de la plupart des histoires littéraires, ce qui tendrait à prouver sinon sa non-pertinence du moins son caractère problématique dans la description diachronique des faits littéraires. Ensuite parce que le concept, s'il est accepté, ne peut en aucun cas, prétendre recouvrir une école constituée, pas même un « mouvement », à peine un espace chronologique – la période qui précède le Romantisme –, qualité qui ne suffit pas à constituer une esthétique homogène et identifiable. Au jeu des étiquettes, on pourrait ainsi en préférer une autre :

> Il serait ainsi plus juste et plus logique de parler de *postclassicisme* car plutôt que de parler de germination progressive du romantisme dans les cœurs et les têtes comme cela était le cas dans la critique de la première moitié du siècle, il vaudrait mieux envisager la décomposition de l'esthétique classique.
>
> Alexandre Minski, *Le Préromantisme*, Armand Colin, 1998, p. 5.

L'usage a voulu qu'on retienne pourtant, pour désigner cette période charnière qui va de 1770 à 1815, un terme qui se réfère à un mouvement qui n'existe pas encore ni dans les actes ni dans le lexique. Ce qui souligne, plus qu'ailleurs, la démarche rétrospective utilisée dans les classifications d'histoire littéraire. Il a fallu que le Romantisme soit advenu – et achevé – pour que l'on s'avisât que diverses tendances avaient pu l'annoncer ou le préparer.

L'autre manière de s'interroger sur la validité de la notion de Préromantisme, consiste à la confondre, au prix de quelques arrangements avec les dates, avec ce que l'on a appelé le « premier Romantisme ». André Monglond, qui un des premiers imposa le mot, assure que les « préromantiques » furent tous des « romantiques sans le savoir » – ce qui revient à priver le concept de Préromantisme de toute pertinence.

Le mot et la chose

Si, malgré ces réserves, il paraît opportun de conserver le terme et de l'appliquer à un chapitre de l'histoire littéraire, c'est qu'il possède une valeur épistémologique liée à la temporalité et à une évolution esthétique :

> [...] cette incertitude chronologique, cette indétermination de la matière et ce trompe-l'œil classificatoire rendent la notion idéologiquement opératoire : le romantisme apparaît ainsi comme le lieu de réunion de manifestations jusqu'alors éparses, un syndrome de la novation, indépendant du moment historique qui le fonde comme une dynamique.
>
> Daniel Couty, *Histoire de la littérature française*, XIXe *siècle*, t. 1 : *1800-1851*, Bordas, 1988, p. 44.

Le mot « préromantique » aurait été employé pour la première fois par Daniel Mornet en 1909, fournissant à l'histoire littéraire une étiquette commode pour désigner une période d'entre-deux, ce temps incertain qui succède aux Lumières et qui précède le

Romantisme. On assure aujourd'hui que l'invention du concept répondrait surtout à des intérêts idéologiques : combattre d'une part les tendances anti-romantiques d'une partie de l'université d'alors (Lemaître, Faguet, Brunetière), rejeter d'autre part, au nom d'un nationalisme revanchard, l'influence de l'étranger dans la naissance du Romantisme. C'est ce qu'avance Minski :

> On peut alors considérer l'invention du préromantisme comme une tentative de relégitimation du romantisme en montrant son caractère éminemment national puisqu'il plonge ses origines dans un XVIIIe siècle français qu'on ne peut soupçonner, lui, d'être soumis à influence étrangère.
>
> *Ibid.*, p. 10.

Dépouillée de sa force polémique la notion de Préromantisme s'imposera en dépit de sa position charnière, donc inapte au classement séculaire en faveur à l'université. Elle désigne une période dont le pivot politique autant que culturel sera la Révolution de 1789 et dont les tendances dominantes sont :

– la promotion de la sensibilité et des formes littéraires qui en découlent ;
– la remise en cause des principes esthétiques du Classicisme ;
– la reconnaissance des spécificités nationales en matière d'art ;
– l'affirmation de l'individu et le goût de la subjectivité ;
– le recours à l'Histoire pour expliquer l'évolution du monde ;
– la vocation sociale et politique de l'écrivain.

La définition de Philippe Van Thieghem peut aider à comprendre ce qu'on entend par « Préromantisme » :

> Je continue à désigner par ce terme, d'une façon à la fois plus précise et plus générale, l'expression littéraire de curiosités, de goûts, de sentiments, d'idées, par lesquels, à l'étranger plus souvent parfois et plus nettement qu'en France, un grand nombre d'écrivains du XVIIIe siècle et des premières années du XIXe siècle tranchent sur leurs prédécesseurs et leurs contemporains, et sont intermédiaires entre la littérature classique et la littérature romantique.
>
> Phiippe Van Thieghem, *Le Préromantisme, Études d'histoire littéraire européenne*, t. II, SFELT, 1947, p. V.

Les étapes du Préromantisme

Pour décrire le Préromantisme on peut recourir à une division chronologique qui, sans affecter l'unité générale de cette période, permet d'en distinguer trois moments : la fin de l'Ancien Régime

(1770-1789) ; la période révolutionnaire (1789-1799) ; le Consulat et l'Empire (1799-1815). La période de la Révolution, la moins féconde et la plus perturbée, sera ici rattachée à la précédente.

La fin de l'Ancien Régime

La critique moderne s'est appliquée depuis environ trois décennies, à découvrir dans le Siècle des Lumières (et surtout sa deuxième moitié) tout un courant de sensibilité qui prépare les caractères du Romantisme. Deux noms font, dans des directions différentes, figures de précurseurs : Rousseau et Diderot. Rousseau d'abord, qui, avec l'immense succès de *La Nouvelle Héloïse* (1761) puis des *Confessions* (rédigées à partir de 1765) impose de nouveaux goûts littéraires comme le sentiment de la nature, l'expression du moi, la priorité donnée au cœur, l'exaltation des émotions, l'insatisfaction mélancolique. Rousseau meurt en 1778, laissant derrière lui une légende et une postérité. On se rend à Ermenonville sur sa tombe, on republie ses œuvres (comme les *Œuvres complètes* parues en 1788 sous la direction de Louis-Sébastien Mercier et Gabriel Brisard), on commente ses écrits, on les imite. Le meilleur disciple de Jean-Jacques sera sans doute Bernardin de Saint-Pierre qui donnera, avec *Paul et Virginie* (1788), un roman larmoyant digne des effusions lyriques à venir. Les littératures épistolaire (copiée de *La Nouvelle Héloïse*) et autobiographique (inspirée des *Confessions*) se développeront largement.

L'apport de Diderot n'est pas non plus négligeable, moins pour la part philosophique de son œuvre, que pour sa part critique où se définit, à propos de la peinture, de la musique ou du théâtre, une esthétique de l'enthousiasme et du pathétique. Comme Rousseau, Diderot exalte les vertus de la nature perçue comme un tremplin de l'émotion donc de la création :

> Ô nature, tout ce qui est bien est renfermé dans ton sein ! Tu es la source féconde de toutes les vérités ! ... Il n'y a dans ce monde que la vertu et la vérité qui soient dignes de m'occuper. L'enthousiasme naît d'un objet de la nature.
>
> *Entretiens sur Le Fils naturel*

Le « drame bourgeois » dont Diderot se fera le théoricien et l'illustrateur réhabilite également le sentiment et les larmes. L'homme lui-même, personnage excessif et mystificateur, tempérament bouillonnant et espiègle, ébranle l'ordre classique et prépare certaines irrévérences révolutionnaires du futur Romantisme.

À côté de ces deux grands noms, méritent d'être cités les poètes lyriques de la deuxième moitié du XVIIIe siècle, et notamment le plus célèbre d'entre eux, André Chénier. Si on écrit beaucoup de vers à l'époque, on doit reconnaître la fadeur de poètes aux noms parfois oubliés comme Coulanges, Jean-Baptiste Rousseau, Delille, Le Franc de Pompignan ou Saint-Lambert. Leur œuvre atteste pourtant la persistance d'un courant lyrique qui influencera Lamartine, grand lecteur par ailleurs de Gilbert, Parny ou Millevoye. Quant à Chénier, en dépit d'une vie brève et d'un destin tragique (il est mort à 31 ans sous la guillotine), il apparaît à la fin du siècle comme un nouveau Ronsard, auteur d'une poésie inspirée venue du cœur : « L'art ne fait que les vers, le cœur seul est poète » affirme-t-il. Toutefois si ses sujets peuvent préparer le Romantisme, son écriture poétique, héritée des Anciens, appartient au plus pur Classicisme français.

Le Consulat et l'Empire

L'autre volet du Préromantisme est représenté par la génération suivante, celle qui arrive à l'âge adulte au moment de la Révolution. Dans les divers genres – théâtre, roman, poésie, essai –, des écrivains, souvent mineurs ou secondaires (à l'exception de Chateaubriand) préparent les combats romantiques.

Au théâtre, le drame bourgeois se transforme en deux sous-genres très prisés, le mélodrame et le vaudeville. Le premier est illustré par un auteur prolifique, Guilbert de Pixérécourt qui souhaite, sur un sujet « dramatique et moral », édifier le spectateur par « la juste récompense de la vertu et la punition du crime ». *Cœlina ou l'enfant du mystère* (1800) fut jouée plus de mille cinq cents fois en trente ans et traduite partout en Europe. Le vaudeville, consacré en 1792 par un théâtre auquel il donne son nom, est plus léger et divertissant avec des effets appuyés, des personnages stéréotypés, des sujets satiriques. Ses auteurs s'appellent Pierre-Yves Barré, Radet et Desfontaines, Brouilly et Pain, Desaugiers…

Dans le genre narratif, la tendance populaire est représentée par le roman noir ou gothique, souvent traduit de l'anglais, et la tendance sensible illustrée par des auteurs comme Sénancour (*Oberman*, 1804) ou Benjamin Constant (*Adolphe*, 1815). Mais les deux grands noms importants sont Madame de Staël et Chateaubriand. La fille de Necker a été une infatigable propagandiste des nouvelles valeurs littéraires, un peu dans ses deux romans (*Delphine*, 1802 et *Corinne*, 1807) et surtout dans ses deux essais (*De la littérature*, 1802 et *De l'Allemagne*, 1810) ainsi que dans les débats menés dans son salon de Coppet avec Schlegel, Barante, Sismondi, Constant. C'est à elle que l'on doit une conception nouvelle de la poésie devenue chant de l'âme, expression d'une émotion profonde :

> Le poète ne fait, pour ainsi dire, que dégager le sentiment prisonnier au fond de l'âme ; le génie poétique est une disposition intérieure, de la même manière que celle qui rend capable d'un généreux sacrifice.
>
> *De l'Allemagne*, II, 10.

Quant à Chateaubriand, il incarne à lui seul la mutation qui saisit l'Europe au début du siècle, inaugurant, non sans appréhension, un nouveau monde :

> Je me suis rencontré entre deux siècles comme au confluent de deux fleuves ; j'ai plongé dans les eaux troublées, m'éloignant à regret du vieux rivage où j'étais né, et nageant avec espérance vers la rive inconnue où vont aborder les générations nouvelles.
>
> Préface testamentaire des *Mémoires d'outre-tombe* (1833)

La vie de Chateaubriand sera longue et associée à la bataille romantique. Son premier livre important, *Le Génie du Christianisme*, dont il détache d'abord *Atala* (1801) puis *René* (1802), marque la naissance du premier « Romantisme ». L'histoire d'Atala, reprenant le modèle de *Paul et Virginie*, raconte les « amours de deux sauvages » dans un décor exotique. *René*, bible d'une génération, invente le « vague des passions » et fonde le « mal du siècle ». Les réserves tardives de l'auteur montrent l'influence durable de ce petit roman :

> Si *René* n'existait pas, je ne l'écrirais plus ; s'il m'était possible de le détruire, je le détruirais : il a infecté l'esprit d'une partie de la jeunesse, effet que je n'avais pu prévoir, car j'avais au contraire voulu la corriger.
>
> *Mémoires d'Outre-tombe*, II, 1, 11.

Les composantes du Préromantisme

Les fondements idéologiques

La première manière de caractériser le Préromantisme est d'en isoler quelques principes sociaux, culturels ou politiques sur lesquels il se construit. Par exemple :

– *Le cosmopolitisme* : la période des Lumières avait déjà, de façon radicale, souhaité abattre les frontières. Le moment qui lui succède confirme cette ouverture à l'étranger. Le nombre de traductions (de l'anglais et de l'allemand notamment) augmente de façon remarquable dans le dernier tiers du XVIIIe siècle ; des périodiques diffusent également des auteurs étrangers qui séduisent, comme l'Écossais Ossian, les Allemands Gessner ou Schiller et, un peu plus tard, l'universel Goethe, pour *Werther* surtout. Après avoir légué le maître du roman sentimental, Richardson, l'Angleterre impose à l'Europe l'exemple du lyrisme en poésie avec Young (traduit par Letourneur), Gray, Shelley, Keats ou Byron ; on redécouvre le génie sombre de Shakespeare qui prépare aussi bien le mélodrame que le drame romantique. Dans son essai *De l'Allemagne*, Mme de Staël détaille l'apport des « littératures du Nord ». Des commentateurs modernes, comme Philippe Van Thieghem, ont démontré l'influence de ces divers pays d'Europe (y compris l'Italie ou l'Espagne) dans le développement du Préromantisme.

– *La religion* : entre « La profession de foi du vicaire savoyard » au chapitre IV de *L'Émile* (1762) et *Le Génie du Christianisme* (1802) se bâtit une littérature religieuse et morale fondée sur la nature ou le retour aux valeurs catholiques. Chateaubriand, par exemple, tente de démontrer la supériorité de l'art chrétien, sa capacité à donner naissance à des œuvres géniales. Ainsi, après le déclin de la foi pendant les Lumières, la spiritualité regagne le terrain perdu avec des hommes comme Cazotte, Joseph de Maistre ou Benjamin Constant qui écrit :

> La religion est (...) de toutes nos émotions la plus naturelle. Toutes nos sensations physiques, tous nos sentiments moraux la font renaître dans nos cœurs à notre insu.
>
> *De la religion et de la morale religieuse*

La tendance évoluera vers l'ésotérisme voire le mysticisme avec le courant *illuministe* représenté essentiellement par Louis-Claude de Saint-Martin et auquel on rattacherait Mesmer ou Lavater.

– *Les nouvelles missions de l'écrivain* : l'esprit philosophique hérité des Lumières va, dans la période préromantique, entraîner la modification de la figure de l'homme de lettres engagé désormais dans le combat social et politique, devenu un « apôtre, qui répand la bonne parole et concourt au triomphe de la vérité »[1]. Un

1. Henri BERTHAUT, *De Candide à Atala*, Del Duca, 1958, p. 282.

homme comme Louis-Sébastien Mercier (1740-1814), écrivain à l'œuvre inclassable, incarne assez bien cette littérature militante. Restif de la Bretonne, autre auteur fécond, appartient à la même lignée. Parfois l'idéologie envahit la littérature : récupérant l'héritage du sensualisme et du matérialisme d'Helvétius elle entend rendre compte de la naissance des idées « à partir des sensations, de leur développement grâce à l'habitude et à l'éducation, de leur systématisation par l'expérience et l'analyse »[1]. On citerait, avec des options littéraires différentes, Volney, Sieyès, Chamfort et surtout Cabanis et Destutt de Tracy (auteur d'*Éléments d'Idéologie*) ainsi que le groupe de Coppet. Les orateurs de la Révolution (Mirabeau, Vergniaud, Danton...), puis les penseurs contre-révolutionnaires (Louis de Bonald, Joseph de Maistre, Burke en Angleterre) contribueront à lier la littérature à l'action politique, faisant de l'écrivain un « mage » dont est proclamé, comme le dit un critique, le « sacre »[2].

Les thèmes d'inspiration

Plus encore que par ses idées, le Préromantisme se définit par des goûts, des choix littéraires que l'on peut regrouper autour de trois axes.

– *La nature tourmentée* : la fin du XVIIIe siècle impose le paysage devenu lieu de la méditation, du ressourcement, du bouillonnement de la vie. Ainsi que l'écrit un spécialiste :

> On s'appliqua à renouveler la description, en vers et surtout en prose, en la faisant plus pittoresque, plus émouvante ; dans les jardins on supprima les profondes perspectives, les grandes allées droites qui ne laissent rien à deviner ; on fit les allées sinueuses, on sema des grottes, des roches, des ruines, des autels de rêverie, de pseudo-tombeaux ; on imagina pour les romans des paysages incohérents et qui fissent peur. Les clairs de lune et les belles nuits étoilées furent admis pour d'autres desseins que pour préparer une leçon d'anatomie ; on fit gronder les tempêtes sur des châteaux écroulés ou sur des tombeaux déserts.
>
> Pierre Martino, *L'Époque romantique en France*, Boivin, 1944, p. 20.

C'est dans cet esprit que se développe la vogue pour l'exotisme, le Moyen Âge et le *genre troubadour*.

---

1. Michel DELON, *Précis de littérature française du XVIIIe siècle*, sous la direction de Michel MAUZI, PUF, 1990, p. 230.
2. Paul BÉNICHOU, *Le Sacre de l'écrivain, 1750-1830, essai sur l'avènement d'un pouvoir spirituel laïque dans la France moderne*, Corti, 1973.

– *Le lyrisme intérieur* : les œuvres autobiographiques de Rousseau (*Les Dialogues*, *Les Confessions*, *Les Rêveries*) déclenchent un véritable engouement pour une littérature du moi, exprimée sous forme de souvenirs, mémoires, journaux intimes, correspondances. Monglond voit naître des « égotismes » qu'il caractérise ainsi :

> Le propre des égotismes préromantiques est justement de faire de leur moi un univers complet, de s'y renfermer, avec un orgueil, un attendrissement sur eux-mêmes qui leur est une volupté. Mais ils ne s'isolent de la sorte que pour mieux se répandre.
>
> André Monglond, *Le Préromantisme français*, t. II, *Les maîtres des âmes sensibles*, Corti, 1966, p. 297.

Restif de la Bretonne, auteur de la monumentale *Confession de Monsieur Nicolas*, Maine de Biran dans son journal, préparent Stendhal et Chateaubriand dans la voie d'une écriture subjective qui consacre l'entrée de l'individu en littérature.

– *Les effets de la sensibilité* : si le Préromantisme marque, de façon incontestable, la victoire du sentiment sur la raison – encore que les deux notions n'aient pas toujours été en conflit pendant les Lumières – cette littérature de la sensibilité, illustrée par des auteurs vieillis comme Baculard d'Arnaud ou Loisel de Tréogate, a aimé décrire les élans du cœur, les émois et les émotions, l'attendrissement et l'exaltation, les tourments de la passion et les douleurs de l'âme. De là découlent ce goût pour le sublime (ce qui transcende la réalité commune), pour le génie (ce qui atteint les sommets), mais aussi la préférence pour la nostalgie (temporelle et spatiale) et surtout pour la mélancolie, état d'âme fécond bien représentatif d'une fin de siècle incertaine comme l'exprime Chateaubriand :

> [L'homme] est visiblement dans l'état d'une chose qu'un incident a bouleversé : c'est un palais écroulé, et rebâti avec ses ruines (…) : en un mot la confusion, le désordre de toutes parts, surtout au sanctuaire.
>
> *Le Génie du Christianisme* (I, 3, 3)

L'état dépressif, l'humeur noire, véhiculés surtout par la culture du Nord, constituent la face sombre de l'enthousiasme et trouveront leur expression littéraire avec le « vague des passions » explicité par Chateaubriand dans un célèbre chapitre du *Génie du Christianisme* (II, 3, 9) et exprimé par René :

> Je me mis à sonder mon cœur, à me demander ce que je désirais. Je ne le savais pas, mais je crus tout à coup que les bois me seraient délicieux. Me voilà soudain résolu d'achever, dans un exil champêtre, une carrière à peine commencée, et dans laquelle j'avais déjà dévoré des siècles.

Contre les règles et les procédés de l'esthétique classique, le Préromantisme est convaincu de l'impuissance des mots ou des figures pour exprimer les troubles confus de l'âme humaine et l'expression incontrôlée du génie.

L'apport du Préromantisme

Si l'on excepte Chateaubriand, on doit admettre que le Préromantisme n'a pas donné d'œuvre majeure à la littérature. Il ne nous a pas non plus légué de théorie claire et explicite sur ses penchants ou ses choix. Il se présente avec ses contradictions, ses ambiguïtés, ses incertitudes comme une littérature de fin de siècle aussi bien qu'un mouvement de transition et de préparation. Sa définition, faute de s'appuyer sur des principes homogènes, s'établit à partir d'un faisceau de tendances comme s'y essaye Pierre Martino qui discerne :

> le besoin des émotions fortes, le besoin de la mélancolie, le besoin de la confession, un certain « mal du siècle », la tentation du suicide, la rêverie délicieuse et sans objet, l'attrait d'une religiosité sans dogme et sans grande foi, le goût des chimères sociales et morales...
>
> *Op. Cit.*, p. 21.

Il n'y aurait pas grand-chose à changer à ce catalogue pour l'appliquer au Romantisme, ce qui confirme la fragilité conceptuelle du mouvement préromantique.

Pourtant ce serait trahir la vérité de limiter le Préromantisme à être le brouillon du mouvement à venir. Si ce courant « précède » bien le Romantisme (comme l'explique Minski), il ne se limite pas à le préparer. Il contient en lui quelques caractères propres qui attestent un changement dans les goûts et les mentalités : l'individu reconquiert ses droits, l'Histoire devient le moteur privilégié du monde, l'universalité esthétique du Classicisme s'effondre, la figure de l'écrivain s'auréole de génie et surtout les registres de la sensibilité l'emportent sur les valeurs concurrentes. À ce titre cet « entre-deux littéraire » pourrait bien signaler l'émergence de ce qu'on appellera la modernité.

Le dix-neuvième siècle

Le Romantisme

À l'origine du mouvement

Une définition incertaine

On peut légitimement s'étonner qu'un courant aussi durable, aussi important, aussi ancré dans les consciences que le Romantisme se prête si mal à une définition claire. Cette difficulté tient sans doute au télescopage sémantique entre une tendance psychologique éternelle (le « romantisme éternel » pour utiliser la nomenclature de Henri Peyre) et une école littéraire (le « romantisme historique », couvrant approximativement la première moitié du XIXe siècle, de 1820 à 1843 pour s'en tenir aux dates les plus étroites). Dans l'interférence assez fréquente entre une tonalité et une doctrine ou un genre (l'épique et l'épopée), l'adjectif *romantique* et la coloration culturelle qu'il recouvre, a précédé le Romantisme. C'est pour nous alerter sur cette particularité qu'Henri Peyre ouvre son essai par une mise au point indispensable :

> Sans doute y a-t-il toujours eu des tempéraments et des sensibilités romantiques dans les sens du terme qui impliquent prédominance de la passion sur la sagesse raisonnable, attrait de l'étrange, insatisfaction du présent, jouissance trouvée dans la souffrance [...]. Tout état d'âme, tout élan de l'imagination, même le sentiment de la nature le plus passionné, l'amour de la mort, le goût de la morbidité ont pu en effet se rencontrer dans certaines âmes, il y a dix, vingt ou vingt-cinq siècles.

Henri M. Peyre, *Qu'est-ce que le romantisme ?*, PUF, « Lettres modernes », 1979, p. 9-10.

Ce qui explique évidemment que le « romantisme » des comportements et surtout des créations ne se limite pas aux dates étroites fournies par l'histoire littéraire. Plus encore que pour les autres mouvements, celui-ci accepte un *avant* et un *après*, et les notions de « Préromantisme » ou de « post-Romantisme », pour discutées qu'elles soient, sont globalement acceptées.

La contamination d'une tendance anhistorique et d'une esthétique particulière, à l'origine de l'incertitude de la définition, est confirmée par cet aveu de Max Milner curieusement indifférent, aux premières lignes de son livre, à une élémentaire rigueur épistémologique :

> Ce mot aura deux sens dans le texte qui va suivre : il désignera tantôt le romantisme dans son acception traditionnelle, c'est-à-dire le mouvement littéraire qui va de la publication des *Méditations* à la chute des *Burgraves*, tantôt le phénomène de civilisation beaucoup plus vaste dont le mouvement littéraire a été la traduction partielle et parfois trompeuse.
>
> *Le Romantisme*, t. I, *1820-1843*, *Littérature française*, Arthaud, 1973, p. 6.

La phrase a le mérite de souligner les limites historiques du mouvement (1820-1843), mais l'inconvénient d'encourager l'ambiguïté d'interprétation. Une ambiguïté renforcée par l'origine et le sens du mot.

L'adjectif « romantique » apparaît au XVIIe siècle en concurrence avec le terme *romanesque*, traduction de l'italien *romanzesco*, pour désigner ce qui relève du roman, genre familier, populaire (comme la langue dans laquelle il est écrit). Passé en Angleterre, le mot en vient à désigner l'atmosphère digne des romans de chevalerie, à la fois merveilleuse et naïve. Un peu plus tard, l'équivalent *romantisch* apparaît en allemand dans le sens plus spécialisé de contraire au bon goût, étrange, éloigné des normes, opposé, en somme, à la mesure classique. De là découlent les célèbres mises au point de Mme de Staël :

> Je considère ici la poésie classique comme celle des anciens et la poésie romantique comme celle qui tient de quelque manière aux traditions chevaleresques.
>
> *De l'Allemagne*, 1810.

Le substantif *romantisme* apparaîtra peu après, toujours à partir de l'anglais, même si Stendhal propose de lui préférer l'adaptation italienne « *romanticisme* » (*Racine et Shakespeare*, ch. 3). La définition reste toutefois toujours incertaine, conformément à la prédiction laconique de Louis-Sébastien Mercier : « On sent le romantique, on ne le définit pas »[1]. Trente ans plus tard, les bourgeois burlesques de Musset répètent, avec humour, la même idée :

> Las d'examiner et de peser, trouvant des phrases vides et des professions de foi incompréhensibles, nous en vînmes à croire que ce mot de *romantisme* n'était qu'un mot : nous le trouvions beau, et il nous semblait que c'était dommage qu'il ne voulût rien dire.
>
> Musset, *Lettres de Dupuis et Cotonet*, 1836.

Prélude au Romantisme

À l'origine du mouvement se combinent, comme l'écrit Alexandre Minski, « la décomposition de l'esthétique classique » et la « germination progressive du romantisme dans les cœurs et les têtes »[2]. La première façon de comprendre le Romantisme passe par un regard rétrospectif qui, résistant à l'illusion historisante qui explique une période passée par celle qui reste à naître, dégage les signes avant-coureurs de l'esthétique nouvelle. On peut le faire à deux niveaux : par le repérage de certaines tendances annonciatrices perçues au siècle précédent ; par l'examen de la période d'« entre-deux littéraire »[3] (1790-1820) qu'on nomme « le Préromantisme ».

Il a déjà été question de l'influence de Rousseau et de Diderot. La génération suivante, contemporaine de la Révolution et de l'Empire, peut être perçue comme fondatrice du mouvement romantique. À côté de Benjamin Constant, Sénancour ou Xavier de Maistre, deux noms s'imposent : Madame de Staël et Chateaubriand. On se reportera, sur ce sujet, aux développements consacrés au « Préromantisme » (*supra* p. 81-90).

Il convient de mentionner également l'influence de l'étranger. Le mouvement romantique n'est pas né en France mais, comme le suggère Mme de Staël, dans les littératures du nord, plus ouvertes à la liberté et la sensibilité, moins cérébrales et moins imprégnées de classicisme. On trouverait en Angleterre (avec Young, Gray, Shelley, Keats, Byron), en Écosse (Ossian), en Allemagne (Gessner, Schiller, Goethe) quelques précurseurs féconds dont se

1. *Néologie ou vocabulaire des mots nouveaux*, 1801.
2. Alexandre Minski, *Le Préromantisme*, A. Colin, 1998, p. 5.
3. *Ibid.*

souviendront les écrivains français. L'ère napoléonienne a favorisé les échanges, le rapprochement des cultures et la vogue de l'exotisme latin trouvé en Italie ou en Espagne.

Une crise des esprits

Il suffit de relire les deux premiers chapitres du roman autobiographique de Musset, *La Confession d'un enfant du siècle*, pour prendre la mesure de ce qu'on a pu appeler une « nouvelle crise dans la conscience européenne »[1]. La « jeunesse soucieuse » secouée par les bouleversements politiques, se réveille « assise sur un monde en ruines ». Les rêves de gloire ou « d'espérance, d'amour, de force, de vie »[2] ne résistent pas aux fadeurs de la monarchie restaurée. Le brouillage des tendances – spiritualisme philosophique, conservatisme mystique, utopie socialiste... – décourage les engagements. Les mutations trop rapides en matière économique, sociale, politique ébranlent les certitudes. L'homme d'hier, attaché à des modèles durables et collectifs ne se reconnaît plus dans un univers labile et individualiste. Une génération désenchantée découvre une souffrance diffuse qu'on nommera bientôt le « mal du siècle » et que Musset résume à sa manière :

> Un sentiment de malaise inexprimable commença donc à fermenter dans tous les jeunes cœurs. Condamnés au repos par les souverains du monde, livrés aux cuistres de toute espèce, à l'oisiveté et à l'ennui, les jeunes gens voyaient se retirer d'eux les vagues écumantes contre lesquelles ils avaient préparé leurs bras... Les plus riches se firent libertins ; ceux d'une fortune médiocre prirent un état et se résignèrent soit à la robe, soit à l'épée ; les plus pauvres se jetèrent dans l'enthousiasme à froid, dans les grands mots, dans l'affreuse mer de l'action sans but.
>
> *Confession d'un enfant du siècle*, ch. II.

Quand l'amour a perdu de son attrait, l'art de son prestige, reste le refuge du rêve ainsi que l'explique Jacques Bony, complétant au passage la définition du mouvement :

> L'essence du romantisme est sans doute dans le rêve fou, dans la tentative souvent désespérée, de retrouver l'harmonie perdue, entre homme et femme, dans la société, avec la nature, en

1. Philippe Van Thieghem, *Le Romantisme dans la littérature européenne*, Albin Michel, 1948.
2. Toutes ces formules sont empruntées au livre de Musset.

un mot, comme l'écrit Nerval, de « rétablir le monde dans son harmonie première » (*Aurélia*, II, 6).

Lire le Romantisme, Armand Colin, 2005, p. 29.

La bataille romantique

Le mot bataille n'est pas trop fort tant l'histoire du Romantisme s'est écrite sur le mode du conflit, aussi bien dans sa constitution que dans son déroulement.

Les cénacles

Tout commence au sein de petits groupes réunis autour d'une publication, d'un lieu ou d'une personne. Sans trop entrer dans le détail, mentionnons cinq foyers :

– *L'Abbaye aux bois*, rue de Sèvres où, autour de Madame Récamier et de Chateaubriand, quelques jeunes écrivains se réunissent, dont Hugo et Lamartine qui y lit les *Méditations* ;

– *L'Arsenal* dont le bibliothécaire, Charles Nodier, romancier et journaliste, fait, à partir de 1824, un lieu de rencontre couru que fréquentent les habitués du journal *La Muse française*, Hugo, Émile Deschamps, Vigny, Dumas, Nerval… ;

– *La rue Notre-Dame-des-Champs*, où a emménagé Victor Hugo en 1827 et où se retrouvent les anciens fidèles du salon de l'Arsenal et quelques nouveaux comme Aloysius Bertrand ou Musset. C'est là que se préparera la bataille de la représentation d'*Hernani* (25 février 1830) ;

– *Le « petit Cénacle »* : sur le modèle du précédent se constitue, à partir de 1829, un groupe de « camarades » réunis dans l'atelier du sculpteur Jehan du Seigneur. Ces jeunes artistes (dont parle Théophile Gautier dans son *Histoire du romantisme*) aux noms recherchés constituent la cohorte de ceux que l'on a appelés parfois les « petits romantiques » : Petrus Borel, Philothée O'Neddy, Alphonse Brot. Mais on y voit aussi Alexandre Dumas ou Gérard de Nerval.

– *Le Doyenné*, nom d'une impasse du vieux Paris où le peintre Camille Rogier reçoit, avec Nerval et Gautier, la « Bohème galante ». On y croise, à côté des littérateurs déjà nommés, des peintres comme Delacroix, Corot, Gavarni ou Chassériau.

Ces divers groupements ou cénacles sont composés – et parfois recomposés – à partir d'affinités littéraires autant que de convictions politiques. Une ligne de partage nette mais peu étanche sépare les conservateurs des libéraux. Les premiers sont représentés par des publications éphémères comme *Le Conservateur littéraire* des frères Hugo (1819-1821) ou *La Muse française* ; les seconds se retrouvent dans des journaux comme *Le Constitutionnel* ou *Le Miroir* et surtout, à partir de 1824, *Le Globe* où écrit un jeune critique prometteur, Sainte-Beuve. Plus tard, sous l'influence de Pierre Leroux, *Le Globe* deviendra l'apôtre du saint-simonisme.

C'est ce type de clivage qui conduit à voir dans le Romantisme un mouvement marqué par des choix d'essence politique. Choix instables il est vrai, puisqu'il n'est pas rare de voir les chefs de file (Hugo en tête) changer de cap ; Balzac ne fait-il pas dire à l'un de ses personnages : « Les Royalistes sont romantiques, les libéraux sont classiques. » (*Illusions perdues*). Après 1830, il n'en est plus ainsi.

Théories et manifestes

Si l'on néglige les essais venus de l'étranger, on fait traditionnellement partir du pamphlet de Stendhal *Racine et Shakespeare* (1823) la démarche théoricienne du Romantisme. L'ouvrage, pourtant, manque de netteté, de conviction et d'étendue (puisqu'il ne parle que de théâtre) ; n'était la revendication insistante de liberté, on pourrait n'y voir qu'un écrit de circonstance lié à la présence des acteurs anglais à Paris. Presque au même moment, Émile Deschamps fait paraître un ouvrage de combat : *La Guerre en temps de paix.*

Sans conteste le texte fondateur du mouvement est la préface que donne Hugo en 1827 à sa pièce injouable, *Cromwell.* Le propos là aussi porte essentiellement sur le théâtre, mais, récupérant le message de Mme de Staël et de Schlegel, le jeune auteur développe une vraie théorie philosophico-littéraire dont on retiendra quelques points :

– annonce d'un renouveau poétique fondé sur la réhabilitation du « grotesque » ;

– remise en cause des classifications et des genres ;

– contestation de la règle des unités au théâtre ;

– proclamation de l'absolue liberté dans les diverses expressions de l'art. Comme l'atteste cette phrase :

> Le temps en est venu, et il serait étrange qu'à cette époque, la liberté, comme la lumière, pénétrât partout, excepté dans ce qu'il

> y a de plus naturellement libre au monde, les choses de la pensée.

L'année suivante, l'art nouveau était soutenu par deux noms importants, Émile Deschamps dans sa *Préface aux Études françaises et étrangères* et Sainte-Beuve dans le *Tableau Historique et critique de la poésie française au XVIe siècle*, où La Pléiade, remise à l'honneur, devient le modèle de l'école du moment. Un peu plus tard, en 1833, Théophile Gautier dans *Les Grotesques* réhabilite les poètes du début du XVIIe siècle. Entre-temps la préface d'*Hernani* consacrera Hugo comme chef de file et la « bataille » de la première de ce drame établit le triomphe de l'esthétique nouvelle. Une phrase célèbre de ce texte en devient l'emblème :

> Le romantisme, tant de fois mal défini, n'est, à tout prendre, et c'est là sa définition réelle, si on ne l'envisage que sur son côté militant, que le *libéralisme* en littérature.

L'esthétique romantique

Les grandes tendances

Il n'est guère aisé de recenser précisément les choix esthétiques de l'école romantique. Au-delà des aspirations communes, les fortes personnalités du mouvement ont marqué leur indépendance et leur originalité. Nous verrons qu'il est plus facile de découvrir les tendances à travers l'approche générique. On peut, malgré tout, relever quelques caractéristiques.

– *Le triomphe de la subjectivité* : sur les traces de Chateaubriand, la littérature romantique aime à privilégier les domaines réservés au moi. La poésie sera donc lyrique, c'est-à-dire propre à traduire les émotions individuelles, la confidence, l'épanchement. Le roman ou le drame seront centrés sur un héros remarquable, de préférence tourmenté, prisonnier de sa mélancolie sentimentale ou de son mal-être métaphysique.

– *L'exaltation de la souffrance et du malheur* : dans une perspective voisine, l'écrivain romantique trouve dans sa maladie morale les ressources de son inspiration (« Les plus désespérés sont les chants les plus beaux » écrit Musset). La destinée humaine est douloureuse, le fardeau de la vie lourd à porter, la perspective de la mort une délivrance. On meurt jeune, parfois volontairement, on renonce à composer avec une société de philistins jaloux et étriqués. Cette souffrance sans cause se nommera d'abord « mal du siècle » puis « spleen ».

– *La création de personnages hors du commun* : une galerie de figures exceptionnelles (de René à Frédéric Moreau) peuple le panthéon romantique. On distinguera les êtres exaltés, passionnés, révoltés, vaguement sataniques (Hernani, Antony, Julien Sorel, Vautrin...) et les créatures abattues, abîmées dans la rêverie (Chatterton, les héros de Lamartine, de Nerval ou de Musset) ; victimes dans les deux cas d'un destin contraire.

– *La préférence pour une « esthétique du choc »* : l'expression est de Max Milner qui explique la naissance, vers 1820, d'une tendance nouvelle « dont le ressort principal paraît être une certaine attitude d'agression et de viol moral, ayant pour but d'arracher le lecteur à lui-même en lui présentant des images atroces »[1]. L'illustration la plus nette est fournie par ce qu'on a nommé, à la suite de Nodier, le « genre frénétique » qui exploite le goût du macabre, de la profanation, la recherche de l'intensité (dans les couleurs, les mouvements), du passionné, du dynamisme et de l'expansion de l'être (contradictoire avec les langueurs souffrantes et les indolences). C'est de là que procède le courant « fantastique » que l'époque développe.

– *L'élargissement spatio-temporel de l'imaginaire* : au moyen de la réhabilitation d'époques ou de régions lointaines, mais toutes parcourues d'élans passionnés, d'engagements généreux (le Moyen Âge et la Renaissance, les territoires orientaux et méditerranéens) on peut échapper à l'étroitesse mesquine de la vie quotidienne, on peut entretenir l'évasion, l'exotisme, l'héroïsme. Henri Peyre utilise à ce sujet une belle formule : « le tourment du passé et de l'ailleurs »[2].

– *Le goût de l'absolu et de l'idéal* qui explique un curieux syncrétisme religieux où cohabitent les rémanences nostalgiques du paganisme et de l'hellénisme, l'appel diffus de l'Illuminisme (et son cortège de magie, extase, paradis artificiel), la tentation du panthéisme et la redécouverte des vertus du christianisme, de ses élus, ses anges et ses martyrs.

– *L'engagement social* : l'artiste romantique victime d'un moi souffrant, se sent en même temps investi d'une mission sociale, rendre l'homme moins malheureux. De là une propension au messianisme, une volonté prophétique ou carrément politique

1. *Le Romantisme I*, *Op. Cit.*, p. 120.
2. *Qu'est-ce que le romantisme ?*, *Op. Cit.*, ch. VI, *passim*.

comme en témoigne l'engagement personnel de certains grands noms (Chateaubriand, Lamartine, Hugo…). George Sand reste l'écrivain le plus représentatif de ce combat humanitaire en vue d'un bonheur fraternel. Des théoriciens comme Saint-Simon, Pierre Leroux, Lamennais ou Fourier ont, de façon parfois brouillonne et contradictoire, ouvert les voies de l'« utopie socialiste ».

– *La promotion de l'écrivain et de sa parole* : l'homme de lettres, conscient de sa mission, n'est plus limité au simple rôle d'artiste. Porte-parole de nouvelles idées dans une société où la culture se démocratise, il veut toucher un public le plus large possible, n'hésite pas à se faire journaliste. ce qui ne l'empêche pas (selon une de ces contradictions propres à l'époque) de mesurer sa solitude, de se réfugier dans l'« art pour l'art », le dandysme ou le satanisme.

On aura senti dans ces dernières tendances que les préoccupations strictement artistiques débouchent souvent sur une attitude philosophique et morale. Le point de jonction, il faut le rappeler, est évidemment l'aspiration à la liberté.

Les formes et les œuvres

Une autre manière de définir l'esthétique romantique, c'est d'en décrire les manifestations particulières à partir des formes génériques où elle s'est illustrée.

L'histoire. Quand, au lendemain de la Révolution, l'histoire entre de plain-pied dans la vie quotidienne des individus, elle conquiert simultanément une légitimité littéraire nouvelle. Deux voies illustreront ce renouveau : celle du roman historique et celle de l'historiographie. La première pratique, tributaire de l'influence de Walter Scott, nous vaudra quelques forts récits de Hugo, Mérimée, Vigny, Balzac et surtout Dumas. L'autre tendance a permis à des noms comme Augustin Thierry, Tocqueville, Michelet et, à un degré moindre, Guizot, Barante, Quinet ou Thiers, d'imposer une vision à la fois lyrique et scientifique de l'histoire.

Le théâtre. Le Romantisme a indiscutablement enrichi la scène en imposant un nouveau genre, le drame. Plongeant ses racines dans les précédents du théâtre bourgeois du XVIIIe siècle, du « mélodrame » (illustré surtout par Pixérécourt), des modèles étrangers (Shakespeare, Calderón, Alfieri, Schiller…), le drame romantique, limité à une quinzaine d'années, à quatre auteurs essentiellement (Hugo, Vigny, Dumas, Musset) et à moins d'une vingtaine de pièces, résume à lui seul l'esthétique romantique. Il se caractérise par :

– le mélange des genres et le refus des limites (dilatation du temps et de l'espace, multiplication des actions) ;
– des sujets tirés de l'histoire (notamment la Renaissance) ;
– le goût de la grandeur et de l'intensité (dans le faste du spectacle, la force des passions) ;
– le choix de personnages remarquables (par leurs talents personnels, leur individualisme farouche, leur destin douloureux) ;
– le message philosophique, politique ou moral, la scène devenant une tribune d'où l'on s'adresse au peuple ;
– une réforme du langage dans le sens de la vérité et de la modernité, sans pour autant verser dans le réalisme cru : « Le drame est un miroir où se réfléchit la nature » écrit Hugo dans la préface de *Cromwell.* À ce titre la prose l'emporte sur le vers – au moins en théorie.

Détaillant ces diverses données, Anne Ubersfeld parle d'une révolution « historique », « technique » et « philosophique »[1]. Les grandes œuvres sont *Henri III et sa cour* (Dumas, 1829), *Hernani* (Hugo, 1830), *Antony* (Dumas, 1831), *Lorenzaccio* (Musset, 1834), *Chatterton* (Vigny, 1835), *Ruy Blas* (Hugo, 1838), *Léo Burckhart* (Nerval, 1839).

La poésie. Après l'éclipse qu'elle a subie au XVIIIe siècle, la poésie retrouve une place prédominante inaugurée par le retentissant succès, en 1820, du premier recueil de Lamartine, *Les Méditations poétiques*. Pour simplifier, on considérera que la production poétique suit essentiellement trois tendances :

– *le lyrisme* : c'est de loin la tonalité dominante, celle qui recouvre le genre intime, la confidence, l'épanchement élégiaque. Grâce au lyrisme s'expriment le vague des passions, le dégoût de la vie, la complicité avec la nature. « La poésie, c'est le chant intérieur » écrira Lamartine dans la préface des *Recueillements* (1839). Marceline Desbordes-Valmore, Sainte-Beuve, Musset et Hugo illustrent, avec Lamartine, cette veine.

– *l'épique* : mû par un rêve messianique et un penchant prononcé pour l'histoire, le poète aime à développer de grandes constructions inspirées des mythes païens ou chrétiens qu'il exprime grâce aux ressources du modèle antique de l'épopée.

1. Anne UBERSFELD, *Le Drame romantique*, Belin, 1993, ch. 2.

C'est le cas des *Poèmes antiques et modernes* de Vigny, de *Jocelyn* et *La Chute d'un ange* de Lamartine et surtout de *La Légende des siècles* de Hugo.

– *le symbolisme* : préparant les orientations futures de la poésie, tout un courant de l'inspiration romantique va plonger dans les arcanes de l'irrationnel et du mysticisme. Ce qu'on nomme « Illuminisme » est illustré par Nerval, Gautier, certains poèmes de Hugo, les « petits Romantiques » et un romantique tardif qui annonce la poésie moderne, Baudelaire.

Quelque tonalité qu'elle prenne, la poésie romantique se propose de renouveler le langage et les formes. Il faut, comme ailleurs, retrouver les voies de la sincérité, de la vérité, de la sensibilité authentique. Dans la « première » préface (écrite en 1849) des *Méditations*, Lamartine déclarait :

> Je suis le premier qui ai fait descendre la poésie du Parnasse et qui ai donné à ce qu'on nommait la Muse, au lieu d'une lyre à sept cordes de convention, les fibres mêmes du cœur de l'homme, touchées et émues par les innombrables frissons de l'âme et de la nature.

De son côté, Hugo mène un combat incessant pour une poésie libérée de la rhétorique et des tabous lexicaux :

> Tous les mots à présent planent dans la clarté.
> Les écrivains ont mis la langue en liberté.

« Réponse à un acte d'accusation », *Les Contemplations*, 1856, I, 7.

Pourtant, les poètes romantiques ne sont pas économes de mots vagues, indéfinis, de tropes recherchés, de métaphores fortes, d'effets pittoresques. Malgré quelques audaces, il faudra attendre une ou deux générations (celle de Baudelaire et de ses successeurs) pour assister à une véritable révolution poétique.

Le roman. Quantitativement, c'est le genre le plus représenté, conformément à une évolution historique qui va donner à cette forme son caractère hégémonique. Dans les domaines narratifs comme ailleurs, les romantiques ont recherché de nouveaux moyens d'atteindre le public en diversifiant les tendances. Se distinguent ainsi :

– *le roman psychologique*, le plus ancien, marqué par quelques titres emblématiques : *René* de Chateaubriand (1802), *Delphine* et *Corinne* de Mme de Staël (1802 et 1807), *Obermann* de

Sénancour (1804), *Adolphe* de Benjamin Constant (écrit en 1802). Un peu plus tard *Volupté* de Sainte-Beuve (1834) ou *La Confession d'un enfant du siècle* de Musset (1836) se rattachent à ce courant de l'analyse intime des tourments du cœur ;

– *le roman social et populaire*, qui aime à peindre les humbles, leurs sentiments et leur vie ; ce que font Lamartine dans *Le Tailleur de pierres de Saint-Point* (1851), George Sand (*Consuelo*, 1842-43 ; *Le Meunier d'Angibault*, 1844-1845 ; *La Mare au diable*, 1846, …), Eugène Sue (*Les Mystères de Paris* 1842-1843 ; *Le Juif errant*, 1844-1845), Hugo (*Les Misérables*, 1862) ;

– *le roman « réaliste »*, qualificatif ambigu (car il annonce une école à venir) mais relativement adapté à la production de Stendhal, peintre de la vie sociale et politique (*Le Rouge et le Noir*, 1830 ; *La Chartreuse de Parme*, 1839), et surtout de Balzac dont la majeure partie des ouvrages qui composent *La Comédie humaine* (notamment les « Études de mœurs ») brosse un tableau saisissant de la société de son temps ;

– *le récit fantastique*, qui se présente souvent sous la forme de conte ou de récit bref (l'invention de la « nouvelle » dans sa configuration moderne est de cette époque) et s'inspire du succès du conteur allemand Hoffmann. Les noms importants sont Charles Nodier (*Smarra*, 1821 ; *Trilby*, 1822), Mérimée (*La Vénus d'Ille*, 1837), Gautier (*La Morte amoureuse*, 1844), Nerval (*Aurélia*, 1865). Ni Balzac, ni Hugo, ni George Sand ne répugneront à illustrer le genre.

Survivances et prolongements

Les valeurs défendues par le Romantisme sont trop hétéroclites mais également trop profondes et trop universelles pour se limiter aux trois petites décennies du mouvement historique. Né théoriquement en 1820 et achevé en 1843 (échec des *Burgraves* de Hugo), le Romantisme se prolonge bien au-delà et notamment par une période que l'on appelle parfois le « second Romantisme » et qu'on fait aller de 1843 à 1869. (On devrait à vrai dire parler de « troisième Romantisme » si l'on tient compte des premiers développements à partir de 1802).

C'est cette période que se propose d'étudier Claude Pichois[1] qui, s'appuyant sur la notion pertinente de génération, s'intéresse,

1. Claude Pichois, *Le Romantisme,* t. II. *1843-1869*, Arthaud, 1979.

après la « grande génération de 1820 », à la « génération intermédiaire de 1830 » qui apportera les inflexions réaliste, positiviste, critique, objectiviste. À ce titre, de Leconte de Lisle à Renan, en passant par Baudelaire et Flaubert, ces représentants « de la désillusion et du pessimisme » apparaissent comme les descendants de leurs prestigieux aînés, bien qu'ils composent également « la première génération de l'époque moderne ».

Ce chevauchement de deux tendances fait qu'on ne peut raisonnablement parler du « post-Romantisme » comme d'un mouvement structuré historiquement repérable. À peine est-il un prolongement, lent à s'effacer, de tendances anciennes. À vrai dire, ce qui se produit après le milieu du siècle est un changement des mentalités, des comportements, des préoccupations qui, loin de renier les aspirations précédentes, les intègre et les dépasse. Il est donc assez facile de déceler dans la production d'un Baudelaire ou d'un Flaubert, et même d'un Verlaine ou d'un Zola, les héritages de Lamartine, Balzac ou Hugo. On pourrait même y parvenir à propos d'un Apollinaire, d'un Céline, ou d'un Camus. Henri Peyre présente le Surréalisme comme une « réincarnation de la révolte romantique » et voit dans Claudel le double moderne de Hugo[1].

Jugés à l'aune de l'histoire littéraire, ces rattachements *a posteriori* n'ont guère de sens, sauf pour nous signaler le jeu naturel des influences et des affinités. Considéré comme le pendant sombre du Classicisme, le Romantisme est devenu une catégorie esthétique et psychologique qui transcende l'époque où elle a pris corps pour se diffuser dans l'ensemble de la production littéraire. Répondant à un critique américain, Michel Butor défendait ce point de vue :

> Camus est certainement romantique. D'ailleurs, nous sommes tous romantiques. Il y a à certains égards le romantisme d'une école littéraire qui a son grand éclat en 1830. Cette école-là, évidemment, fait partie des manuels de littérature. Mais il y a un mouvement qui commence à partir de la fin du XVIIIe siècle et qui se développe jusqu'à maintenant sans interruption... Il y a une continuité absolue entre les romantiques et la littérature contemporaine.
>
> Frédéric Saint-Aubyn, « Entretien avec Michel Butor », *The French Review*, vol. XXXVI, n° 1, oct. 1962, p. 12-22. (Cité par Henri Peyre, *Op. Cit.*, p. 7-8)

1. Henri M. PEYRE, *Op. Cit.*, p. 272 *sqq.*

Plutôt que d'épiloguer sur les tenants attardés et les fruits tardifs, il paraît plus fécond de rappeler ce que le Romantisme a apporté au monde de la littérature et de la pensée. D'abord un formidable appétit de liberté qui pousse à préférer aux modèles transmis par la tradition des formes novatrices et un langage affranchi des contraintes. Ensuite un élargissement considérable des limites de l'inspiration avec, aux deux extrémités de la palette, l'introspection patiente de l'écriture du moi et l'abandon visionnaire aux éclats de l'imagination. Enfin une confiance inédite dans les pouvoirs de la plume et du verbe : l'écrivain n'est plus un simple artiste réduit à peindre le monde, il pèse sur lui, l'infléchit, le renouvelle. Au total ce sont des forces de jeunesse, d'enthousiasme, d'idéal, de spontanéité, de foi en l'homme que déploie ce mouvement complexe à l'influence durable.

Le Parnasse

Naissance du Parnasse

S'il y a bien un mouvement littéraire dont l'authenticité est attestée par une fondation datée, par une histoire, par une activité de groupe, par des orientations esthétiques précises, c'est bien le Parnasse dont l'acte de naissance peut être fixé à l'année 1866, date de parution du premier volume de l'anthologie poétique intitulée *Le Parnasse contemporain*, et l'achèvement dix ans plus tard, avec le troisième volume de la même série. Pourtant, dans le détail, les origines du Parnasse sont plus lointaines et son développement est à la fois plus diffus et plus durable.

Le nom

Le mot « Parnasse » fait référence à une montagne de Phocide, en Grèce, près de Delphes, où, d'après la mythologie, résidaient, sous la conduite du dieu Apollon, les neuf muses. Très vite, le terme a servi à désigner un lieu de réunion des poètes et, dans ce sens, a été utilisé au XVIIe siècle comme titre à un recueil de poésie et de recettes d'écriture. En choisissant ce terme pour publier les jeunes poètes, les initiateurs du projet, Catulle Mendès et Louis-Xavier de Ricard qui s'en partagent la paternité, souhaitaient se placer délibérément sous le double patronage de la muse poétique et de la tradition grecque (et apollinienne).

Du Romantisme au Parnasse

L'école parnassienne, comme la plupart des mouvements littéraires du XIXe siècle, a cherché à se situer par rapport au courant majeur qui l'a précédée, le Romantisme, qu'elle prolonge et conteste à la fois. On constate même que les grands noms du Parnasse sont à situer en dehors du mouvement et dans un « pré-Parnasse » qui réunirait Hugo, Gautier, Banville, Baudelaire et Leconte de Lislc. Dc Hugo, on retient surtout le recueil de 1829, *Les Orientales* dont l'inspiration prépare, par son exotisme, son refus du lyrisme et de l'engagement social, les conceptions parnassiennes. Hugo semblait lui-même encourager ce rapprochement quand il assurait dans la préface de son recueil vouloir donner « un livre inutile de pure poésie jeté au milieu des préoccupations graves du public ».

Mais le précurseur essentiel est sans conteste Théophile Gautier (1811-1872), dont le nom est associé à une doctrine assez floue appelée **l'Art pour l'Art**[1]. Refusant de participer à l'implication sociale de ses contemporains romantiques, dédaignant les faciles épanchements lyriques, Gautier souhaite fonder une poésie qui n'ait pour finalité qu'elle-même et qui se caractériserait par le simple culte de la beauté et de la forme. Dans la préface de son roman *Mademoiselle de Maupin* (1834), il expose, non sans provocation, ses positions :

> Il n'y a de vraiment beau que ce qui ne peut servir à rien ; tout ce qui est utile est laid, car c'est l'expression de quelque besoin et ceux de l'homme sont ignobles et dégoûtants, comme sa pauvre et infirme nature.

Ces principes seront repris au cours des décennies suivantes dans les textes théoriques de la revue *L'Artiste*, dont il sera le directeur, ou de *L'Art* qui lui succède en 1856. Ils sont mis en œuvre dans ses recueils poétiques dont *Émaux et camées* (1852), qui contient le célèbre poème « L'Art », sorte d'art poétique :

---

1. La formule « l'Art pour l'Art », qui désignera une tendance poétique plus qu'une école, apparaît pour la première fois dans le *Journal* de Benjamin Constant en 1804. Elle fut reprise en 1829 par Hugo dans une discussion littéraire qu'il nous rapporte dans son *William Shakespeare* (1864) : « Plutôt cent fois l'Art pour l'Art. » (II, 6)

Oui, l'œuvre sort plus belle
D'une forme au travail
        Rebelle,
Vers, marbre, onyx, émail.

(...) Tout passe. – L'art robuste
Seul a l'éternité ;
        Le buste
Survit à la cité.

(...) Sculpte, lime, cisèle ;
Que ton rêve flottant
        Se scelle
Dans le bloc résistant !

Moins radical dans ses positions, Banville (1823-1891), dont le premier recueil *Les Cariatides* est très imprégné de Romantisme, se prononcera pour une poésie formellement recherchée mais teintée d'humour et de sublime. Son second recueil, *Les Stalactites* (1846) et le suivant *Odes funambulesques* (1857), sont plus proches de l'inspiration parnassienne. Enfin Baudelaire (1821-1867), qui dédie ses *Fleurs du mal* au « poète impeccable » qu'est Théophile Gautier, s'est reconnu dans l'Art pour l'Art et a donné, en 1866, seize poèmes au *Parnasse contemporain.* Sans renier l'héritage romantique, sans renoncer à célébrer la « modernité », il est convaincu que l'art n'a rien à enseigner, rien à démontrer sinon à procurer une émotion de l'âme et du cœur.

Leconte de Lisle

Un des paradoxes du Parnasse est que celui qui peut en être considéré comme le chef de file ou au moins le maître le plus représentatif, a publié son œuvre en dehors de toute école et avant même que le nom de Parnasse ne s'impose dans l'histoire littéraire. Leconte de Lisle, né sur l'île de la Réunion en 1818, se fait connaître en 1852 par un premier recueil, *Poèmes antiques*, teinté d'hellénisme, influencé par André Chénier, offrant une poésie rigoureuse et dépourvue de toute effusion lyrique. Le recueil suivant, *Poèmes barbares* (1862), confirme ces tendances et impose un modèle de poésie impersonnelle, formellement parfaite, préparation des œuvres des futurs Parnassiens.

Histoire du Parnasse

Les années fastes (1861-1876)

Avant même la parution du premier volume du *Parnasse contemporain*, quelques jeunes poètes, inspirés par leurs glorieux aînés, souhaitent prolonger et élargir les principes de l'Art pour l'Art. C'est dans cet esprit que voit le jour, le 15 février 1861, à l'initiative de Catulle Mendès, la *Revue fantaisiste*, qui publie des poèmes de Gautier, Banville, Baudelaire, Glatigny, Champfleury, Alphonse Daudet. Cette éphémère revue – silencieuse sur ses exigences esthétiques – aura le mérite de souder un groupe d'où émergera l'école parnassienne. Elle est relayée par les deux revues fondées par Louis-Xavier de Ricard, la *Revue du progrès moral, littéraire, scientifique et artistique* (1863-1864) et *L'Art* (1865) qui ne durera que deux mois. Les mêmes noms de poètes figurent au sommaire de ces revues auxquels s'ajoutent ceux de Léon Dierx, François Coppée, Verlaine et Leconte de Lisle.

Souhaitant donner une forme plus solide à ces essais poétiques et aux débats menés dans les salons (ceux de Mme de Ricard mère, de Nina de Callias, de Leconte de Lisle, de Banville), Mendès et de Ricard persuadent l'éditeur Alphonse Lemerre, dont les locaux sont situés au 47, passage de Choiseul, de publier, en mars 1866, l'anthologie baptisée *Le Parnasse contemporain, recueil de vers nouveaux*, dans laquelle figurent trente-sept poètes. Deux autres volumes répondant au même titre paraîtront en 1871 et 1876, permettant la publication au total d'une centaine de poètes, pour certains totalement oubliés, pour certains célèbres (Gautier, Banville, Baudelaire, Anatole France, Leconte de Lisle, Heredia, Sully Prudhomme…). Le comité de lecture, composé de Banville, France et Coppée, refuse Verlaine, Charles Cros et Mallarmé. Rimbaud, qui prend contact avec Banville, sera également écarté.

Le déclin (1876-1893)

Dès son début, le Parnasse a été l'objet d'attaques, comme celle du *Parnassiculet contemporain*, parodie signée Paul Arène et Alphonse Daudet, ou des *Trente-sept médaillonnets du Parnasse contemporain* dus à Barbey d'Aurevilly. Après la guerre de 1870, l'école devient encore plus contestée, se réduisant à être un label d'édition. De nombreux dissidents s'éloignent, des poètes plus indépendants et novateurs s'affirment (Verlaine, Mallarmé), de nouveaux courants se dessinent d'où sortira un mouvement parent du Parnasse mais artistiquement plus fécond, le Symbolisme. En 1893, avec *Les Trophées*, José-Maria de Heredia donne le dernier recueil parnassien, bien après la disparition des théoriciens de l'école.

Poétique du Parnasse

En dépit de différences de sensibilité (on aurait du mal à trouver de nombreux points communs entre Banville, Baudelaire et Heredia par exemple), en dépit d'une relative rareté de textes théoriques, il est possible de dégager certaines « tendances » du Parnasse – confondues souvent avec une simple communauté de refus. L'esthétique parnassienne se définit ainsi de manière plus empirique qu'institutionnelle : à partir des œuvres et non à partir des manifestes.

Le culte du travail

Pour les Parnassiens, la poésie est un art et, comme tous les arts, réclame l'apprentissage d'une technique et l'exigence de l'effort. À l'inspiration romantique, ils opposent la vertu plus humble du travail poétique. Comparable au sculpteur, au potier, le poète travaille une matière dure, résistante qu'il s'agit de soumettre, grâce à un patient labeur, de transformer en chose belle. L'injonction de Gautier dans « L'Art » est répétée en écho par Banville :

> Sculpteur, cherche avec soin, en attendant l'extase,
> Un marbre sans défaut pour en faire un beau vase ; (...)
>
> *Les Stalactites*

La référence au minéral est récurrente, y compris chez Baudelaire (« Je suis belle ô mortel comme un rêve de pierre », « La Beauté »), et doit souligner la difficulté du métier de poète. En ce sens, les Parnassiens ne transigent pas sur la rime, réhabilitent les formes fixes (sonnet, madrigal, rondel...), revendiquent des formes classiques, réclament des contraintes jugées fécondes. Le goût du travail peut se reconnaître dans l'emblème de l'éditeur Lemerre imprimé sur la couverture de ses livres : un paysan en train de bêcher accompagné de la formule latine *Fac et spera* (fais et espère).

La religion du beau

Grâce à la perfection formelle permise par le travail, peut être approché l'idéal parnassien : l'irréprochable beauté. Refusant le débraillé romantique ou le désordre baroque, les poètes parnassiens visent l'équilibre des formes, à l'image de l'injonction baudelairienne :

> Je hais le mouvement qui déplace les lignes,
> Et jamais je ne pleure et jamais je ne ris.
>
> *Les Fleurs du mal*, « La Beauté »

La poésie n'est pas un fade divertissement, mais une tentative prestigieuse pour atteindre les sommets de l'art. Elle est donc destinée à l'élite cultivée, seule prête à recevoir l'exigeant cadeau d'une œuvre raffinée :

> L'art, dont la Poésie est l'expression éclatante, intense et complète, est un luxe intellectuel, accessible à de très rares esprits.
>
> Leconte de Lisle, *Le Nain jaune* (1864)

La fréquentation de la beauté crée une aristocratie du goût qui, détournée des réalités triviales du monde, suppose un mépris du bourgeois. Le poète parnassien est à la fois bohème et dandy : indifférent à l'argent, à la politique, aux progrès scientifiques. Sa revanche, il la tient avec son art pur, fondé sur l'érudition et la maîtrise technique. Une telle religion a évidemment ses limites :

> Avec les Parnassiens disparaît la mission spirituelle de l'art revendiquée par les Romantiques. Le culte de la Beauté ne permet pas au poète d'accéder à une connaissance sacrée ; il se réduit à un dévouement religieux à l'art.
>
> Florence Campa, *Parnasse, Symbolisme, Esprit nouveau*, Ellipses, 1998, p. 29.

L'impassibilité

Le mot est trop fort et pas vraiment pertinent, mais il est traditionnellement utilisé pour désigner le refus du lyrisme. On devrait parler plutôt de poésie impersonnelle ou objective – même si cette exigence est peu réalisable. Ce que refusent surtout les Parnassiens ce sont les effusions exaltées ou impudiques de la génération précédente, le fameux lyrisme romantique que rejette Heredia :

> C'est que la vraie poésie est dans la nature et dans l'humanité éternelles et non dans la nature de l'homme d'un jour (...). Le poète est d'autant plus vraiment et largement humain qu'il est impersonnel.
>
> *Discours de réception à l'Académie française* (1894)

Avant lui, Leconte de Lisle a eu également maintes occasions de proclamer son dégoût pour « l'héroïque bataillon des élégiaques », préférant, comme il le développe dans son sonnet « Les Montreurs », une distance hautaine :

> Dans mon orgueil muet, dans ma tombe sans gloire
> Dussé-je m'engloutir pour l'éternité noire
> Je ne te vendrai pas mon ivresse ou mon mal,
> Je ne livrerai pas ma vie à tes huées,
> Je ne danserai pas sur ton tréteau banal
> Avec tes histrions et tes prostituées.
>
> *Poèmes barbares*

Prenant modèle sur les créateurs de la Grèce antique ou de l'Orient, récupérant la froideur stoïcienne, les Parnassiens rejettent les excès de la sensibilité et lui préfèrent une poésie virile, dégagée du pathétique. De là une inspiration neutre, distanciée, nourrie d'exotisme ou du froid héritage mythologique, dominée par la description et le pittoresque au point de verser, parfois, dans la caricature comme l'explique Axel Preiss :

> La description, ce maître mot du Parnasse, rapproche les Parnassiens d'écrivains comme Flaubert, mais sans l'efficacité : les notations, surtout les notations visuelles, devraient nous proposer un tableau convaincant, et nous n'avons qu'une fausse jungle, un pastiche de grécité, une imitation d'Inde classique, parfois une sorte de trompe-l'œil en vers gourmés.
>
> *Dictionnaire des littératures de langue française*, Bordas, 1987, art. « Parnasse », p. 1815.

Le recueil tardif de José-Maria de Heredia, *Les Trophées*, lointain écho aux poèmes exotiques de Leconte de Lisle, fournit, en dépit de certaines beautés poétiques, une illustration assez fidèle de ce jugement sévère. À en croire les intéressés, la prétendue « impassibilité » résulte d'un désir de perfection formelle : « la passion n'est pas une excuse à faire de mauvais vers, ni à commettre des fautes d'orthographe et de syntaxe » écrit de Ricard dans ses *Mémoires*.

On mesure ici l'inactualité du mouvement parnassien : la passion, aujourd'hui, doit se montrer et on a tendance à préférer un vers approximatif chargé d'émotion à un alexandrin irréprochable sorti de la glace. Le Parnasse était voué à être un mouvement éphémère et limité (pas ou peu d'expérience en dehors de la poésie) ; ses exigences élevées devaient inévitablement susciter la réaction venue d'esprits subversifs ou le dépassement apporté par des créateurs raffinés. Les premiers s'appelleront Décadents, les seconds Symbolistes.

Le Réalisme

Essais de définitions

Le mot et la notion

Il est plus aisé de définir le mot « réalisme » que de clarifier la notion qu'il recouvre et de circonscrire l'école qu'il désigne. Le terme, qui apparaît aux premières années du XIXe siècle, est formé à partir du latin tardif *realis* lui-même dérivé de *res*, la chose. La définition donnée par Littré en 1869 renvoie à cette origine : « En termes d'art et de littérature, attachement à la reproduction de la nature sans idéal. Le réalisme dans la poésie, dans la peinture. » Position confirmée encore aujourd'hui par le *Grand Larousse de la langue française* qui propose : « Conception de l'art et de la littérature selon laquelle l'artiste ne doit pas chercher à idéaliser, à modifier le réel ou à en donner une image incomplète. »

Définitions séduisantes et assez simples à condition qu'on oublie que toute œuvre d'art repose sur l'imitation, la fameuse *mimesis* théorisée par Aristote. L'art ne saurait en aucun cas être la stricte représentation du monde ; il en est sa reproduction, sa figuration, sa recomposition artificielle au moyen de codes. Pour ajouter à la difficulté, on se souvient que pour Platon (*La République*, X), tout art est reflet, illusion, et, à ce titre, « idéaliste » – alors que les Idées seules peuvent être vraies. Conception que reprendra la philosophie scolastique qui souhaite donner une réalité aux idées abstraites. Enfin le mot « réel », d'où découle la notion, est lui-même peu aisé à définir de manière objective, étant donné qu'il est le résultat d'une perception soumise aux variations des tempéraments, des conventions et même des techniques.

Souhaitant dépasser ces difficultés, Colette Becker propose une définition restreinte mais qui fournit un bon point de départ :

> Le terme de réalisme s'oppose à celui d'idéalisme, avec lequel il forme antithèse. Il en arrive à définir la réaction qui s'est produite au cours des siècles contre la littérature officielle et les canons en usage.
>
> *Lire le Réalisme et le Naturalisme*, Armand Colin, 2005, p. 38.

Le réalisme correspond donc à un besoin de la vérité et s'oppose à une autre tendance qui souhaite donner une vision flattée, embellie ou déformée de la réalité. Ce qui permet de trouver des ancêtres du Réalisme en Rabelais ou Marguerite de Navarre, chez les romanciers du XVIIe siècle comme Charles Sorel, Scarron, Furetière, ou ceux du XVIIIe tels Robert Challe, Marivaux, Prévost, Lesage, Restif de La Bretonne et même Diderot. La notion transcende donc les époques ainsi que l'explique Champfleury :

> Le Réalisme est aussi vieux que le monde et en tout temps il y a eu des réalistes. Tous ceux qui apportent quelques aspirations nouvelles sont dits réalistes.
>
> Lettre à George Sand du 2 septembre 1855 dans *L'Artiste* repris dans *Le Réalisme*, 1857.

L'école réaliste

Toutefois, en histoire littéraire, le Réalisme a désigné en France un mouvement qui a pris naissance au moment de la révolution de 1848 pour s'achever aux environ de 1870 (bien que Colette Becker suggère plutôt l'année 1865, date de publication de *Germinie Lacerteux* des Goncourt, comme fin du mouvement). Le Réalisme littéraire a été accompagné d'un très actif Réalisme pictural. On prétend même que le nom choisi par l'école viendrait de la reprise ironique d'un jugement paru dans le quotidien *L'Ordre* et appliqué à Gustave Courbet dont l'œuvre marquerait l'irruption du « réalisme dans l'art ».

Deux auteurs se sont fait les théoriciens du mouvement : Champfleury (pseudonyme de Jules Husson, 1821-1889) et

Duranty (1833-1880), même s'ils ont contesté la notion d'école et même le mot, jugé peu pertinent :

> Le mot *Réalisme*, un mot de transition qui ne durera guère plus de trente ans, est un de ces termes équivoques qui se prêtent à toutes sortes d'emplois et peuvent servir à la fois de couronne de lauriers ou de couronne de choux.
>
> Champfleury, *Le Réalisme*, 1857.

Quant à Duranty, il assure que « ce terrible mot de Réalisme est le contraire d'*école* » (*Réalisme*, 15 novembre 1856). Le peintre Courbet, acteur important du mouvement, rejette aussi l'étiquette :

> Le titre de réaliste m'a été imposé comme on a imposé aux hommes de 1830 le titre de romantique.
>
> Cité par Champfleury, *Le Réalisme, Op. Cit.*

Par l'intermédiaire de ces trois hommes le mot, et le mouvement qu'il représente, connaîtra une certaine fortune. Duranty fonde un journal littéraire qu'il appelle *Réalisme* (1856-57) ; Champfleury regroupe dans l'ouvrage intitulé *Le Réalisme* (1857) des articles de combat sur la nouvelle esthétique ; Courbet choisit comme titre à son exposition de 1855 : *Du Réalisme*. Le mouvement est bien lancé.

Aux origines du Réalisme

Le contexte historique et culturel

Comme beaucoup d'autres mouvements littéraires, le Réalisme est fortement lié à l'histoire, s'inscrivant entre deux dates-clés du siècle : le début de la Deuxième République (24 février 1848) et la fin du Second Empire (septembre 1870). Ces deux décennies voient alterner une période de libéralisme euphorique (suffrage universel, liberté de la presse, abolition de l'esclavage…) et un temps de réaction conservatrice qui mènera Louis-Napoléon Bonaparte au coup d'État du 2 décembre 1851, puis au plébiscite de l'année suivante. En somme, les promesses démocratiques nées des journées de 48 déboucheront sur une politique autoritaire marquée par le recul des libertés. À sa manière, la littérature réaliste, déçue dans ses espérances, a tenté de servir les valeurs démocratiques. Née d'une désillusion politique, elle solde l'effondrement de l'idéalisme romantique.

Socialement, l'époque connaît de grandes mutations, avec la montée spectaculaire des valeurs de l'argent (grands banquiers, créations d'organes financiers) et une certaine réussite économique. Les villes se transforment grâce à la spéculation foncière, les progrès technologiques assurent le succès de la bourgeoisie et accroissent la misère du prolétariat. La science elle aussi connaît des succès considérables en médecine (Claude Bernard), en biologie, en physique. La philosophie positiviste d'Auguste Comte ou la réflexion de Renan (*L'Avenir de la Science*, 1848) retentissent des promesses de la modernité.

La littérature ne peut pas ignorer ces brutales mutations. Touchée par le mythe du progrès, elle va explorer les nouveaux domaines de la vie moderne ou bien dénoncer les effets pervers de la nouvelle société. Le Réalisme se fixe comme ambition d'être le fidèle témoin de ces bouleversements. De Flaubert à Zola, les questions historiques et sociales deviendront le support naturel du roman.

Les précurseurs

Hormis les lointains modèles, les théoriciens du Réalisme se reconnaissent deux maîtres au XIXe siècle, Stendhal et Balzac. Stendhal le premier souhaite donner au roman des allures de chronique en réclamant : « La vérité, l'âpre vérité » (épigraphe de *Le Rouge et le Noir*, sous-titré *Chronique de 1830*). Ses sujets seront pris le plus souvent dans l'actualité la plus récente ou empruntés parfois aux faits divers et traités avec rigueur et même sécheresse. C'est lui-même qui assure faire « tous les efforts possibles pour être sec », dans l'esprit du livre qu'il invoque comme modèle, le Code civil. L'exemple de Fabrice à Waterloo, dans *La Chartreuse de Parme*, illustre une méthode : aucune glorification du personnage, aucune peinture épique des combats, aucune vision allégorique de la guerre.

Plus nettement encore, Balzac a souhaité brosser dans sa *Comédie humaine* « le tableau exact des mœurs » en choisissant de décrire des figures représentatives de Paris et de la province ainsi que les milieux dans lesquels elles évoluent. Il veut appuyer son observation sur des fondements scientifiques ou prétendus tels, empruntant au physiologiste Geoffroy Saint-Hilaire ou aux physiognomonistes Gall et Lavater. Son ambition majeure est de donner une impression de vérité en s'appuyant sur la vie réelle, longuement décrite, en parsemant ses livres de ce qu'il nomme des « détails », c'est-à-dire des éléments crédibles et révélateurs des passions qui mènent le monde.

On ne peut que souscrire à la constatation de Colette Becker :

> C'est à Stendhal et surtout à Balzac que le Réalisme est redevable de sa simple volonté de dépasser la simple description de la société pour en démonter les mécanismes.
>
> *Op. Cit.*, p. 51.

La bataille réaliste

Le terme « bataille », souvent employé à propos du Réalisme, rend compte du combat qu'il mène contre le mouvement qu'il prétend supplanter : le Romantisme. Il souhaite traduire aussi le climat polémique qui a marqué le développement de l'école, plus riche en manifestes ou en pamphlets qu'en œuvres remarquables. C'est d'ailleurs en peinture, domaine qui mériterait de longues analyses, que le combat fut le plus rude.

Les œuvres réalistes

En matière littéraire, le Réalisme s'est presque exclusivement exprimé dans le roman avec deux noms essentiels, Champfleury et Duranty, qui furent des théoriciens combatifs mais des romanciers médiocres. Les titres de leurs livres sont plutôt oubliés : de Champfleury *Chien-Caillou* (1847), *Les Aventures de Mademoiselle Mariette* (1853), *Les Bourgeois de Molinchart* (1854)… ; de Duranty *La Cause du beau Guillaume* (1862), *Les Combats de Françoise d'Hérilieu* (1868). L'un comme l'autre tentent de rendre la réalité du quotidien en s'abstenant de tout effet de style trop voyant. D'autres auteurs mineurs se sont également réclamés du Réalisme comme Charles Barbara (*L'Assassinat du Pont-Rouge*, 1855) ou Ernest Feydeau (*Fanny*, 1858) et même les deux cosignataires, Erckman-Chatrian (*L'Ami Fritz*, 1864).

Deux seuls noms importants de la littérature peuvent être rattachés au Réalisme – sans en être des représentants incontestables : Flaubert et les frères Goncourt. On peut s'étonner de voir Flaubert, grand styliste mû par le culte de la beauté, auteur de récits à forte charge symbolique comme *Salammbô* ou *La Tentation de saint Antoine*, être assimilé aux réalistes. Le rapprochement se justifie à partir de ses deux romans principaux, *Madame Bovary* (1857), *L'Éducation sentimentale* (1869) et de la nouvelle *Un Cœur simple* (*Trois contes*, 1877). Dans ces œuvres, Flaubert se présente comme un observateur minutieux de la réalité ; ses intrigues sont contemporaines, empruntées à l'histoire récente ou aux faits divers, il démystifie l'idéalisme romantique, gomme les effets du romanesque, s'appuie sur une documentation scientifique, se détache de ses personnages au moyen de l'ironie et souhaite atteindre l'idéal de l'absence (en réalité impossible) de l'auteur dans son texte. Et c'est à cause de son « réalisme grossier et offensant pour la pudeur » que *Madame Bovary* (comme *Les Fleurs du mal* la même année) sera condamné en justice. Ce qui n'empêche pas le romancier, farouchement jaloux de sa manière, de rejeter toute annexion :

> Comment peut-on donner dans des mots vides de sens comme celui de « Naturalisme » ? Pourquoi a-t-on délaissé ce bon Champfleury avec le « Réalisme » qui est une ineptie du même calibre ou plutôt la même ineptie ?
>
> Lettre à Maupassant, 25 décembre 1876

Les Goncourt dont on a dit pourtant qu'ils pratiquaient « l'écriture artiste », peu compatible avec la sobriété réaliste, ont été également rangés dans l'école réaliste. Sans doute la retentissante préface de leur roman *Germinie Lacerteux* (1865), y est-elle pour beaucoup :

> Le public aime les romans faux : ce roman est un roman vrai. (...) Vivant au XIXe siècle, dans un temps de suffrage universel, de libéralisme, nous nous sommes demandé si ce qu'on appelle « les basses classes » n'avait pas droit au roman. (...) Aujourd'hui que le Roman s'élargit, qu'il commence à être la grande forme sérieuse, passionnée, vivante de l'étude littéraire et de l'enquête sociale, qu'il devient, par l'analyse et par la recherche psychologique, l'Histoire contemporaine, aujourd'hui que le Roman s'est imposé les études et les devoirs de la science, il peut en revendiquer les libertés et les franchises.

Ces phrases sonnent comme un véritable manifeste du Réalisme, au moment où le mouvement décline et va être remplacé par le Naturalisme qui en est proche. D'autres romans des Goncourt (*Sœur Philomène*, 1861 ; *René Mauperin*, 1864 ; *Manette Salomon*, 1867 ; *Madame Gervaisais*, 1869) illustrent cette conception d'un roman à valeur documentaire mettant en scène les déshérités de la société.

L'esthétique réaliste

On peut, en guise de conclusion, récapituler les principales caractéristiques du Réalisme :

– opposition à l'idéalisme romantique : plus de « rêveurs à nacelles » qui ignorent le monde et exaltent complaisamment leur moi souffrant ;

– rejet d'une littérature du passé : la tradition réaliste souhaite privilégier le présent, l'histoire contemporaine, la réalité du jour ;

– élargissement de la littérature aux classes inférieures (domestiques, ouvriers, petits employés, étudiants…) ; la dimension sociale et même politique des réalistes apparaît dans cette volonté : ils doivent servir le peuple et la démocratie ;

– priorité accordée à la vérité, même crue, même laide. Et pour cela le document doit être préféré à l'imagination, la simplicité démonstrative à l'allégorie recherchée, l'objectivité au parti pris ;

– refus du style qui éloigne du réel, brouille le message, égare le lecteur. La prose réaliste doit être froide, simple ;

– « mise à mal du héros et de l'intrigue. Le roman tend à devenir une simple monographie, une page d'existence, le récit d'un fait unique, sans dénouement ni même coup de théâtre. » (Colette Becker, *Op. Cit.*, p. 36)

Aucun de ces principes n'est revendiqué en réalité de manière brutale et absolue – à moins qu'ils ne le soient par effet de provocation. La position des hérauts réalistes est beaucoup moins dogmatique que ce bilan le laisse entendre, notamment sur la prétendue fidélité de l'art au modèle ou la règle d'objectivité. Et on a vu en quoi Flaubert ou les Goncourt ne pouvaient s'accorder à ces lois esthétiques qui eussent totalement bridé leur art.

Pourtant, à partir de ces modèles, des tendances se dessinent, des choix se précisent, des modes s'affirment. Le Réalisme n'a pas apporté d'œuvre majeure à la littérature ; on aurait même tendance à lui trouver quelque chose de confus ou au moins d'inabouti. En revanche il est un mérite qu'on ne peut lui retirer, celui d'avoir préparé le mouvement qui va le relayer et presque l'absorber, le Naturalisme.

Le Naturalisme

Origines de l'école

Le mot et le concept

Deux remarques préalables à propos du Naturalisme : il est d'abord indissolublement lié au Réalisme dont il reprend un grand nombre de principes ; il s'incarne essentiellement dans un homme, Zola, qui en est le théoricien, l'animateur et le meilleur illustrateur. En tant qu'école littéraire le Naturalisme est traditionnellement situé entre 1865 (parution de *Germinie Lacerteux* des Goncourt) et 1891, date de l'*Enquête sur l'évolution littéraire* de Jules Huret.

Pourtant le mot « naturalisme » n'est pas créé au XIXe siècle. On trouve le terme chez le penseur politique Jean Bodin en 1584, puis au XVIIe siècle appliqué au domaine de l'histoire naturelle, et surtout au XVIIIe siècle, époque où tout ce qui touche la nature devient fondamental. Le mot *naturalisme*, dérivé de « naturel » désigne, pour les Lumières, une philosophie qui, fondée sur l'observation et le respect de la nature, confère à celle-ci une valeur sacrée et transcendantale. À ce titre, Diderot, dont le matérialisme panthéiste est perceptible dans de nombreuses œuvres dont *Le Rêve de d'Alembert* (1769), peut être revendiqué comme un précurseur du Naturalisme (Zola le cite souvent).

Au XIXe siècle le terme « naturaliste » entre dans le domaine des arts et de la littérature et on le retrouve sous la plume de Baudelaire :

> Balzac est [...] un romancier, un savant, un inventeur et un observateur, un naturaliste qui connaît également la loi de génération, des idées et des êtres visibles.
>
> « Les contes de Champfleury », *L'Art romantique.*

Dans la critique picturale le mot entre en concurrence avec « Réalisme » pour désigner un art qui se préoccupe de reproduire la réalité immédiate et, en ce sens, est appliqué à Courbet. De même, parlant de Manet en 1867, Zola dira : « Il est avant tout un naturaliste. » Zola s'est emparé du mot en 1865 et ne va cesser de l'employer et de le commenter comme dans la Préface de *Thérèse Raquin* (1867) où il l'utilise dans une acception strictement littéraire. Pour lui le terme désignera une attitude intellectuelle qui en littérature a pu être définie de la manière suivante :

> C'est la volonté d'observer de façon purement scientifique en vue de les représenter dans une œuvre littéraire, des caractères et des comportements humains, de la même façon qu'un savant naturaliste étudie objectivement une roche, une planche ou un animal.
>
> Georges Bafaro, *Le Roman réaliste et naturaliste*, Ellipses, 1995, p. 60.

Encore que pour Zola la « représentation » du réel n'est pas séparable de son étude.

Les influences

Plus encore que le Réalisme, le Naturalisme est le produit d'une époque éprise de science, de rationalisme, de déterminisme. Zola n'a jamais dissocié le Naturalisme de ses fondements intellectuels en le présentant comme « le mouvement de l'intelligence moderne. » Ses modèles se situent donc du côté de la science avec des références à Claude Bernard, au docteur Lucas, à Darwin, et, du côté de la philosophie, à Schopenhauer dont le pessimisme contaminera toute une génération, ainsi qu'à Taine et Renan.

La dette à l'égard de Taine, qui lui aussi refuse le spiritualisme au profit d'une méthode scientifique appliquée à la connaissance philosophique et morale, est importante. C'est à lui que l'on doit la fameuse formule souvent citée et que Zola placera en épigraphe à *Thérèse Raquin* : « Le vice et la vertu sont des produits comme le vitriol et le sucre. » C'est encore lui qui étudie, au moyen du déterminisme psychologique, des auteurs comme La Fontaine, Stendhal ou Balzac. Quant à Renan, comme nous l'avons vu à propos du Réalisme, il transmet à son époque sa confiance absolue en la science.

Ces racines scientifiques doivent, pour Zola, faire du Naturalisme, plus qu'une simple école, une véritable révolution socioculturelle dans tous les domaines, comme il l'écrit lui-même :

> Veut-on savoir ce que c'est que le naturalisme, tout simplement ? Dans la science, le naturalisme, c'est le retour à l'expérience et à l'analyse, c'est la création de la chimie et de la physique, ce sont les méthodes exactes qui, depuis la fin du siècle dernier, ont renouvelé toutes nos connaissances ; dans l'histoire, c'est l'étude raisonnée des faits et des hommes, la recherche des sources, la résurrection des sociétés et de leurs milieux ; dans la critique,

> c'est l'analyse du tempérament de l'écrivain, la reconstruction de l'époque où il a vécu, la vie remplaçant la rhétorique ; dans les lettres, dans le roman surtout, c'est la continuelle compilation des documents humains, c'est l'humanité vue et peinte, résumée en des créations réelles et éternelles.
>
> *Le Naturalisme au théâtre*, 1881.

La citation est longue et tardive, mais elle rend bien compte des enjeux réels de la nouvelle école.

Situation du Naturalisme

Historique

Autour de Zola, « l'école naturaliste » va se structurer, s'épanouir et décliner. En suivant Colette Becker, on peut diviser cette évolution en trois phases[1] :

– la formation (1865-1876) qui correspond à la reconnaissance progressive de Zola comme le maître de la nouvelle école. Le romancier-journaliste s'est fait remarquer par un manifeste virulent : *Mes Haines* (1866) et la publication d'un premier roman important, *Thérèse Raquin.* Il se rapproche d'écrivains qui partagent ses conceptions comme les Goncourt, Flaubert, Daudet, Tourgueniev.

– l'âge d'or (1876-1884) : c'est le moment des grandes œuvres de Zola et surtout de la constitution d'un groupe qui prend le nom de Médan, ville de la périphérie de Paris où Zola possède une maison. On retrouve parmi eux Paul Alexis, Henry Céard, Léon Hennique, Joris-Karl Huysmans, Octave Mirbeau. Maupassant rejoindra le groupe. Deux événements peuvent être retenus : le dîner Trapp, forme d'officialisation du mouvement avec l'invitation solennelle faite à Flaubert le 16 avril 1877 ; et surtout la publication, en 1880, d'un recueil collectif de récits, *Les Soirées de Médan*, ensemble de textes qui deviendra la référence du Naturalisme.

– l'éclatement (1884-1893) : tout naturellement, l'unité du groupe ne peut résister aux divergences et à la remise en cause de l'autorité du maître. Les critiques et les attaques finissent de miner le mouvement alors que de nouvelles tendances et de nouveaux talents se font jour. Le point extrême est atteint avec le

1. Colette Becker, *Lire le Réalisme et le Naturalisme*, Armand Colin, 2005.

Manifeste des Cinq (1887), diatribe violente contre le roman de Zola *La Terre* où l'auteur se voit reprocher par de jeunes confrères (J.-H. Rosny, Paul Margueritte, Lucien Descaves, Paul Bonnetain, Gustave Guiches) d'être « descendu au fond de l'immondice », de « s'embourber dans l'ordure » et de cultiver des « manies de moine solitaire ». Le mouvement ne s'en remettra pas.

Les œuvres naturalistes

Un genre a eu la faveur particulière des écrivains naturalistes, le roman, même si le mouvement a permis aussi des tentatives théâtrales. Zola (comme le fera Maupassant) reconnaît explicitement l'hégémonie légitime du genre romanesque :

> Aujourd'hui le roman s'est emparé de toute la place, il a absorbé tous les genres. Son cadre si souple embrasse l'universalité des connaissances. Il est la poésie et il est la science.
>
> « Les Romanciers contemporains », *Le Messager de l'Europe*, septembre 1878.

Dans cet esprit, il imagine un roman social, humaniste, qu'il nomme « roman expérimental » et dont il précise les ambitions dans un essai éponyme contenant sept études et publié en 1880. Zola ne cache pas sa volonté d'appliquer à la littérature le modèle théorique fourni par *L'Introduction à l'étude de la médecine expérimentale* de Claude Bernard qu'il vient de lire. Il veut un romancier qui soit à la fois « observateur » et « expérimentateur » et pour cela la rédaction du roman doit être précédée d'une enquête, d'un véritable dossier préparatoire nourri de lectures, mais aussi de visites, de rencontres, de vérifications :

> Le romancier expérimental n'est qu'un savant spécial qui emploie l'outil des autres savants, l'observation et l'analyse.

Sans être l'application scrupuleuse de tous les principes posés dans ce livre-manifeste souvent excessif, les romans qui composent le gigantesque ensemble des *Rougon-Macquart* (1871-1893) veulent respecter les règles naturalistes. *Germinal*, *L'Assommoir*, *La Curée* par exemple, sont devenus de véritables classiques, ayant connu, dès leur parution, un retentissant succès populaire – ainsi que les réticences et parfois le mépris d'une partie de la critique.

L'autre grand représentant du Naturalisme, disciple de Flaubert et compagnon de route de Zola, est Maupassant qui, dans sa courte vie (1850-1893), a eu le temps de nous laisser environ trois cents récits courts (contes et nouvelles) et six romans parmi lesquels les très célèbres *Une Vie* (1883), *Bel-Ami* (1885), *Pierre et Jean* (1888). C'est en ouverture de ce livre que Maupassant publie un long texte qui précise sa position sur les nouvelles écoles dont il mesure les limites :

> Le réaliste, s'il est un artiste, cherchera non pas à nous montrer la photographie banale, ou à nous en donner la vision plus complète, plus saisissante, plus probante que la réalité même. [...] Faire vrai consiste donc à donner l'illusion complète du vrai, suivant la logique ordinaire des faits et non à les transcrire servilement dans le pêle-mêle de leur succession. J'en conclus que les Réalistes de talent devraient s'appeler plutôt des Illusionnistes.

À côté de ces deux grands noms, les autres naturalistes font figure d'auteurs mineurs, notamment les autres « médanistes », Henry Céard, Paul Alexis, Léon Hennique qui ont vécu dans l'ombre du maître et sont aujourd'hui oubliés. Plus dignes de considération sont des écrivains que l'on rattache à l'école naturaliste sans qu'ils aient marqué ouvertement leur adhésion. C'est le cas d'Alphonse Daudet, conteur plein d'humour et observateur talentueux de la vie sociale (*Jack*, 1896) ; d'Octave Mirbeau pamphlétaire et surtout dramaturge connu pour *Le Journal d'une femme de chambre* ; ou de Jules Vallès, esprit indépendant et libertaire dont l'écriture peut être rapprochée de celle des naturalistes (*L'Enfant*, 1879). Enfin, on mentionnera Joris-Karl Huysmans, même si cet écrivain difficilement classable a assorti son « naturalisme » de mysticisme et d'humour. Ses premiers livres, *Marthe, histoire d'une fille* (1876), *Les Sœurs Vatard* (1879), *En Ménage* (1881), *À vau-l'eau* (1882), sont proches de Zola. Mais à partir de *À rebours* (1884), la veine se modifie, intègre les apports du Symbolisme, du Décadentisme, de l'occultisme. Ajoutons que les Goncourt sont parfois classés dans la famille naturaliste.

L'esthétique naturaliste

La « méthode » naturaliste

Avant d'être une école littéraire, le Naturalisme se présente comme une attitude devant la réalité, ainsi que l'atteste cette déclaration de Paul Alexis :

> Il y a une équivoque courante et grossière que je voudrais une fois de plus m'efforcer de dissiper. Le Naturalisme n'est pas une « rhétorique », comme on le croit généralement, mais quelque chose d'autrement sérieux, une « méthode ». Une méthode de penser, de voir, de réfléchir, d'étudier, d'expérimenter, un besoin d'analyser pour savoir, mais non une façon spéciale d'écrire.
>
> Réponse à l'*Enquête sur l'évolution littéraire* de Jules Huret, 1891.

Propos à nuancer mais qui montrent combien, au-delà de l'œuvre littéraire, les écrivains modernes souhaitent, par leurs choix, affirmer un engagement moral, social et philosophique. Le Romantisme et toutes ses vieilles lunes ne peuvent rendre compte des réalités de la société nouvelle. Seul le Naturalisme

> répond à notre état social, lui seul a des racines profondes dans l'esprit de l'époque. [...] Il est, je le dis encore, l'expression du siècle, et pour qu'il périsse, il faudrait qu'un nouveau bouleversement transformât notre monde démocratique.
>
> Zola, *Le Naturalisme au théâtre*, 1881.

Position idéologique qui s'accorde à la notion de « tempérament » introduite par Zola à propos de la création artistique. C'est grâce à cet « accent particulier et unique » que l'œuvre naturaliste concilie son nécessaire engagement et sa dimension esthétique. De là le mot célèbre, souvent repris : « Une œuvre d'art est un coin de la création vu à travers un tempérament » (Zola, *Mes Haines*, 1866). Le naturaliste sera un observateur objectif mais jamais dépourvu de caractère. Au risque de s'enfermer dans ses contradictions :

> Le naturalisme est donc prisonnier d'une double postulation qui l'écartèle et le ruine : une méthode qui dissout le littéraire dans le champ expérimental de la science, une pratique qui l'installe dans sa spécificité.
>
> Daniel Couty, *Dictionnaire des littératures de langue française*, Bordas, 1987, art. « Naturalisme ».

Les pratiques d'écriture

Rappelons rapidement les grands principes du Naturalisme : « prendre les faits dans la nature » (Zola), s'imposer une démarche scientifique, notamment en commençant par procéder à une enquête rigoureuse, viser l'objectif d'« une œuvre de vérité » (Zola), refuser l'idéalisme et les conventions, célébrer les valeurs laïques et républicaines, réhabiliter les figures populaires et obscures…

Ces objectifs (peu éloignés de ceux du Réalisme) ont eu pour conséquence d'entraîner des choix stylistiques. Par exemple « l'écriture-artiste » que l'on reconnaît chez les frères Goncourt ou chez Huysmans et qui se caractérise par une grande recherche lexicale avec l'utilisation d'une terminologie scientifique, de néologismes ou d'archaïsmes. Par ailleurs, cette littérature, entée sur le réel, est tenue d'avoir un large recours à la description, qu'elle soit, pour reprendre la distinction d'Alain Pagès, « lexicographique » quand elle accumule comme dans un catalogue les objets considérés, ou « impressionniste » quand elle choisit un élément pittoresque dans un ensemble[1].

Par ailleurs les naturalistes refusent les « intrusions d'auteur » qui rompent l'illusion romanesque ; ils aiment à choisir un personnage anti-héroïque qui voit et oriente l'action, la juge aussi avec un manichéisme naïf. Plus que l'intrigue, c'est le milieu qui les préoccupe. Enfin le souci du réel les conduit à juger secondaires le style et les effets d'écriture considérés comme un « écran » déformant, pour citer le mot de Zola qui, dans un texte célèbre, oppose les écrans classique, romantique et réaliste, ce dernier étant

> simple verre à vitre [...] et qui a la prétention d'être si transparent que les images le traversent et se reproduisent ensuite dans leur réalité.
>
> Lettre à Valabrègue (18 août 1864)

Les thèmes

Ces principes esthétiques et rhétoriques ont trouvé leur expression dans quelques thèmes dominants assez faciles à recenser. Alain Pagès retient ainsi trois thèmes [2] :

– le roman de l'artiste, avec *Manette Salomon* des Goncourt, *Sapho* de Daudet, *À rebours* de Huysmans, *L'Œuvre* de Zola ;

– le roman de la prostitution : *Marthe* de Huysmans, *La Fille Elisa* des Goncourt, *Nana* de Zola, *Boule-de-suif*, *La Maison Tellier* de Maupassant ;

– le roman militaire : *Le Calvaire* de Mirbeau, *La Débâcle* de Zola, *Les Contes du Lundi* de Daudet, *Mademoiselle Fifi* de Maupassant.

---

1. Alain PAGÈS, « Un concept littéraire : le Naturalisme », *in* « Zola et le Naturalisme », *L'École des Lettres*, n° 6, 15 décembre 1989.
2. *Ibid.*

De manière plus large – et mélangeant Réalisme et Naturalisme – Colette Becker propose : l'argent et l'hypocrisie, les histoires de ratés, la maladie et l'hérédité, la misère sociale, la ville et la nature[1]. Thématique très orientée qui permet à Daniel Couty de tenter une typologie à peine caricaturale :

> La littérature naturaliste proposera presque exclusivement des figures populaires, ouvriers ou petits fonctionnaires (le héros type des romans de l'époque !), dans un décor urbain sale et triste ; les lumières des hôtels bourgeois, les couleurs d'une nature hospitalière constitueront l'exception.
>
> *Op. cit.*, p. 1728.

Déclin et bilan

Les positions de Zola ont pu paraître parfois suffisamment doctrinaires pour susciter la réaction ou le rejet. Même dans son camp, l'opposition a été vive comme on l'a vu avec le *Manifeste des Cinq*. L'auteur des *Rougon-Macquart* tentera d'assouplir ses thèses, mais vers la fin des années 1880 le mouvement s'essouffle. Quand, en 1891, le journaliste Jules Huret lance dans le journal *L'Écho de Paris* une enquête sur l'état du Naturalisme, les réponses sont largement convergentes : l'école de Zola est moribonde et d'autres modes l'ont supplantée – et ce malgré le télégramme célèbre envoyé par le fidèle Alexis : « Naturalisme pas mort. Lettre suit. »

Si l'école elle-même était déclinante, le concept qui l'animait pouvait lui survivre, ouvrant la voie à une très féconde descendance littéraire ainsi qu'à une attitude philosophique devant la vie et le monde. Le jugement porté aujourd'hui sur le Naturalisme est souvent contrasté – on lui reproche en particulier l'utopie intenable de la défense du réel et ses prétentions scientifiques. On peut toutefois, si l'on souhaite le juger positivement, souscrire à la conclusion de Pierre Cogny qui relie les deux écoles voisines :

> Le Réalisme et le Naturalisme conservent à nos yeux le mérite d'avoir, pour la première fois, invité des écrivains à une révision des valeurs pour une prise de conscience personnelle et profonde.
>
> *Le Naturalisme*, P.U.F, « Que sais-je ? », 1959, p. 118.

---

1. Voir Colette Becker, *Op. Cit.*, p. 89-106.

Le Symbolisme

Aux origines du Symbolisme

Un courant éternel

Le mot « symbolisme » renferme une ambiguïté puisqu'il peut servir à désigner aussi bien une tendance profonde et lointaine, celle d'un idéalisme poétique vaguement inspiré de Platon et reconnaissable à diverses époques, et une école littéraire qui s'est développée dans les dernières années du XIXe siècle, entre 1880 et 1900 environ. Si bien qu'avant de décrire l'école symboliste, il paraît nécessaire de remonter à l'esprit qui l'a inspirée.

À l'origine est le mot « symbole », terme tiré du grec qui signifie action de lancer en même temps ou de rassembler un objet partagé en deux, enfin la rencontre fortuite de deux objets. À partir de ce sens, le dérivé « symbolisme » va désigner l'attitude qui consiste à assurer un passage entre un modèle et sa représentation, une transposition concrète de l'abstrait au concret – ou l'inverse. Pour le philosophe c'est :

> ce qui représente autre chose en vertu d'une correspondance analogique.
>
> Lalande, *Dictionnaire de la philosophie*, Alcan, 1938, t. 2, p. 844.

Le mot, appliqué à l'art, va donc recouvrir l'idée de mystère – la réalité du monde n'est pas donnée directement – et de langage secret – moyen d'accéder à un sens caché. De là une esthétique d'essence spiritualiste et métaphysique qui s'accorde bien à la poésie chargée, par des voies indirectes et souvent oniriques, d'atteindre l'au-delà des apparences. Le concept connote également l'obscurité, le bizarre :

> Que veut dire *Symbolisme* ? Si l'on s'en tient au sens étroit et étymologique presque rien ; si l'on passe outre, cela peut vouloir dire : individualisme en littérature, liberté de l'art, abandon des formules enseignées, tendance vers ce qui est nouveau, étrange et même bizarre ; cela peut vouloir dire aussi idéalisme, dédain de l'anecdote sociale, antinaturalisme.
>
> Rémy de Gourmont, *Le Livre des masques*, Mercure de France, 1896, p. 8.

Le Symbolisme, en tant que concept et en temps qu'école, s'oppose donc aussi bien au Parnasse qu'au Réalisme, au Naturalisme ou au Positivisme.

Les précurseurs

Cette large acception a trouvé à s'illustrer dans les zones les plus variées de la littérature ainsi que l'explique un commentateur :

> C'est ainsi qu'on trouvera dans les ancêtres du Symbolisme Edgar Poe, Nerval, Aloysius Bertrand, une bonne partie des littératures allemande et anglaise, les poètes baroques sans parler des Latins et des Grecs, de tous les métaphysiciens enfin qui ont touché au symbole depuis les penseurs de l'Inde jusqu'à Swedenborg en passant par Platon.
>
> Axel Preiss, *Dictionnaire des littératures de langue française*, Bordas, 1983, p. 2428.

Plus précisément, on invoque surtout trois noms qui auraient le mieux préparé l'avènement de la future école symboliste : Hugo, Nerval et Baudelaire.

Dans la première préface des *Odes* (1822), Hugo insistait sur la vocation magique de la poésie :

> Le domaine de la poésie est illimité. Sous le monde réel, il existe un monde idéal qui se montre resplendissant à l'œil de ceux que les méditations graves ont accoutumés à voir dans les choses plus que les choses.

L'idée sera reprise régulièrement par le poète et appliquée dans les recueils suivants, y compris *Les Contemplations* (1856).

Nerval, qui a souhaité explorer les zones troubles du rêve (« Le rêve est une autre vie », « Le monde des esprits s'ouvre pour nous », *Aurélia*), se propose de mettre en parallèle les événements vécus et le monde surnaturel de l'imagination. Les objets, les gestes, les rencontres (dans ses récits ou dans la poésie des *Chimères*) se chargent alors d'une force symbolique.

Mais c'est Baudelaire qui peut être considéré comme « le véritable précurseur du mouvement actuel » (Jean Moréas, *Manifeste littéraire*, 1886). Le poète des *Fleurs du mal* mérite l'étiquette symboliste pour avoir tenté de pénétrer le sens caché de la vie en interprétant les « confuses paroles » qui parlent à l'homme « à travers des forêts de symboles » (« Correspondances »). Il a également perçu l'analogie qu'il existe entre la spiritualité des idées et l'évidence des sensations. La poésie ne sera plus simple représentation du monde, elle sera recréation esthétique et transposition musicale.

Une étape nécessaire, la Décadence

Au lendemain de la débâcle de 1870 et de l'épisode de la Commune qui suivit, le climat en France est à la désillusion et au pessimisme. Les jeunes poètes se détournant de l'histoire et de la science ne se reconnaissent pas dans les recherches formelles du Parnasse ou dans les compositions minutieuses du Naturalisme. Nourris des philosophes Schopenhauer ou Hartmann, ils se réfugient dans la contestation ou la dérision. Des groupes plus ou moins éphémères aux noms provocateurs se forment : les *Zutistes* – fondés par Charles Cros et auxquels adhèrent un moment Verlaine et Rimbaud –, les *Hydropathes*, les *Hirsutes*, les *Jemenfoutistes*, les *Fumistes.* La vie littéraire de cette jeunesse turbulente se passe dans les cafés du Quartier latin ou dans les cabarets de Montmartre dont le célèbre *Chat noir*. On se déclare antimilitariste, allergique à toute autorité, on fume, on boit, on improvise, on versifie avec humour, on parodie, mêlant la désinvolture et la révolte, la subversion et la bouffonnerie.

De ce désordre bruyant se dégage un groupe plus structuré qui se pare d'un nom insultant : les *décadents*. Dans un poème de 1883, Verlaine officialise l'étiquette : « Je suis l'Empire à la fin de la Décadence » (« Langueur », *Jadis et Naguère*). À côté d'écrivains mineurs, tels Laurent Tailhade, Georges Rodenbach, Ephraïm Mikhaël, Jean Lorrain, la Décadence produira un poète plus original et profond, Jules Laforgue (1860-1887). Dans ses *Complaintes* (1885) s'expriment, tempérés par l'humour et l'ironie, un pessimisme mélancolique, une vision tragique de l'existence. De son côté, Huysmans, dans un roman raffiné, *À rebours* (1884), élabore une figure emblématique de l'esthète décadent, le troublant Des Esseintes. L'année suivante, un texte parodique, *Les Déliquescences d'Adoré Floupette* (d'Henri Beauclair et Gabriel Vicaire) confirme, par son succès, la relative popularité de la mode décadente.

L'esprit décadent cherchera à se donner une légitimité théorique grâce à des publications (*La Revue indépendante*, *Le Chat Noir*, *Lutèce*, *Le Décadent*) et par la fondation, à l'initiative d'Anatole Baju, d'une véritable école littéraire, *le Décadisme*. Pourtant, la médiocrité brouillonne des œuvres, le goût exagéré pour l'extravagance et le dandysme, leur nihilisme affiché vouaient les décadents à passer de mode. Le Symbolisme pouvait prendre le relais.

L'école symboliste

La naissance du mouvement

Le mot Symbolisme employé pour désigner un mouvement est officiellement imposé par le poète Jean Moréas qui, en septembre 1866, donne au journal *Le Figaro* son *Manifeste littéraire*, où sont définis, de façon un peu confuse, les contours de la nouvelle esthétique :

> Ennemie de l'enseignement, la déclamation, la fausse sensibilité, la description objective, la poésie symbolique cherche à vêtir l'Idée d'une forme sensible qui, néanmoins, ne serait pas son but à elle-même. (...) L'art symbolique consiste à ne jamais aller jusqu'à la concentration de l'Idée en soi [mais à chercher les] apparences sensibles destinées à représenter leurs affinités ésotériques avec des Idées primordiales.

La même année, un autre poète, René Ghil, publie son *Traité du verbe* précédé d'un *Avant-dire* de Mallarmé qui jette, dans une langue tout aussi obscure, quelques fondements de l'école du symbole.

Parallèlement, de nouvelles revues vont accueillir les productions symbolistes : *Le Symboliste*, créé par Gustave Kahn en 1886, *La Plume* (1889), *Le Mercure de France* (1890), *La Revue blanche* (1891). En Belgique, le mouvement devient très actif avec d'autres revues comme *La Jeune Belgique*, *La Basoche*, *La Wallonie* où divers poètes, parfois importants, imposeront une voix originale : Georges Rodenbach, Émile Verhaeren, Maurice Maeterlinck, Max Elskamp.

Les poètes symbolistes

Paradoxalement – mais le principe est également vrai pour le Parnasse – les grands créateurs du Symbolisme se situent en marge de l'École. C'est le cas des trois poètes essentiels du temps, Mallarmé, Verlaine et Rimbaud. Mallarmé, souvent présenté comme un maître par la jeune école, n'a jamais revendiqué d'en être le chef, même si c'est dans son salon de la rue de Rome que, le mardi, se pressent les artistes pour débattre des grandes questions poétiques. La poésie pour lui n'a pas à dire, mais à suggérer, à recréer l'essence des choses :

> *Nommer* un objet, c'est supprimer les trois-quarts de la jouissance du poème qui est faite du bonheur de deviner peu à peu ; le *suggérer*, voilà le rêve. C'est le parfait usage de ce

mystère qui constitue le symbole : évoquer petit à petit un objet pour montrer un état d'âme, ou, inversement, choisir un objet et en dégager un état d'âme, par une série de déchiffrements.

Réponse à l'*Enquête* de Jules Huret, 1891.

Les mots doivent retrouver un sens originel (« Donner un sens plus pur aux mots de la tribu »), précéder le sentiment (« laisser l'initiative aux mots »), faisant du poème un assemblage musical dense et recherché. L'aboutissement de cette recherche est l'absolu littéraire du « livre », réalisation impossible.

Verlaine a été à la fois très proche du Symbolisme (et même des Décadents), et à l'écart du groupe. Sa liberté d'esprit, son originalité de créateur ne pouvaient se reconnaître dans une école, même si, comme l'écrit Mallarmé, il est « le premier qui a réagi contre l'impeccabilité et l'impassibilité parnassienne ». Sa fantaisie verbale, son sens du rythme et de la dissonance, son souci de musicalité ont plus influencé le Symbolisme que le recours au symbole – discret chez lui – ou la recherche lexicale, étrangère à sa conception d'une poésie simple et familière.

Quant à Rimbaud, comète de la littérature, il a fréquenté les milieux symbolistes sans réellement s'y intégrer, adhérer à leurs dogmes, ni servir de modèle. Son goût de la provocation le rapproche des Décadents alors que sa volonté de découvrir de nouveaux horizons poétiques loin du réel s'accorde aux tendances poétiques symbolistes :

Le Poète se fait voyant par un long, immense et raisonné dérèglement de tous les sens.

Lettre à Demeny, 1871.

J'aimais les peintures idiotes, dessus de portes, décors, toiles de saltimbanques, enseignes, enluminures populaires ; la littérature démodée, latin d'église, livres érotiques sans orthographe, romans de nos aïeules, contes de fées, petits livres de l'enfance, opéras vieux, refrains niais, rythmes naïfs.

Une Saison en enfer, « Délires », II.

Son sonnet « Voyelles » est considéré comme une application mystérieuse du jeu des correspondances et des analogies symboliques. Dans les marges du Symbolisme mérite enfin d'être mentionné Lautréamont, dont *Les Chants de Maldoror* (1868-1869), long poème en prose chargé d'humour, de révolte et d'hallucinations métaphoriques, peut être rattaché à la mouvance symboliste.

Les vrais représentants de l'école symbolistes sont en fait des poètes plus obscurs ou même oubliés tels Jean Moréas (*Les Syrtes*, 1884 ; *Les Cantilènes*, 1886), Gustave Kahn (*Palais nomades*, 1887), Francis Viélé-Griffin (*Joies*, 1889), Stuart Merrill, René Ghil, Albert Samain (*Au Jardin de l'Infante*, 1893, *Aux Flancs du vase*, 1898), Henri de Régnier (*Tel qu'en songe*, 1887-92), Émile Verhaeren (*Les Villes tentaculaires*, 1895), Maurice Maeterlinck (*Serres chaudes*, 1889) et le jeune André Gide. Des poètes plus indépendants, bohèmes, amers, désabusés, ricanants, gravitent autour du mouvement : Charles Cros, Tristan Corbière, Germain Nouveau.

L'esthétique symboliste

La théorie introuvable

Nous ne disposons pas, pour le mouvement symboliste, de références théoriques rigoureuses, à part les manifestes, assez fumeux, de Moréas et de Ghil. De là un certain flou jusque dans la définition :

> Définir le Symbolisme, qui donc y réussirait ? Au plus peut-on essayer d'éclaircir quelque peu le brouillard ambiant, et encore avec la volonté de n'émettre que des idées personnelles.
>
> Émile Verhaeren, *Le Symbolisme*, 1887.

Faute d'une doctrine précise on en est réduit à saisir une sensibilité, à percevoir une tonalité, à dessiner un « visage », comme le fait Guy Michaud au début de son livre :

> Visage du Symbolisme. Il est déjà fixé pour l'histoire : un air mi-précieux, mi-rêveur ; une atmosphère de légende où dans un décor de forêts, de parcs et d'étangs, évoluent des princesses alanguies, entourées de colombes et de cygnes ; une âme « fin de siècle » qui se cherche, se sent malade, analyse son mal et trouve dans cette analyse même une jouissance perverse ; l'amour du rare, du raffiné, de l'artificiel ; le goût de l'arabesque et du fer forgé, des feuilles d'iris, des licornes, des améthystes ; la manie de ne pas s'exprimer comme tout le monde, d'écrire des vers obscurs et contournés, de parler par ellipses et métaphores.
>
> Guy Michaud, *Message poétique du Symbolisme*, Nizet, rééd. 1966, p. 15.

Tout est pratiquement dit et on ne peut, pour dépasser cette description, que tenter de dégager quelques tendances dominantes.

Les grandes orientations

La mission du poète. Le poète symboliste ne se reconnaît pas dans le monde réel de la triviale vie quotidienne. Il n'a rien de commun avec les goûts bourgeois et sa mission élevée est d'atteindre les zones secrètes de la beauté. Volontiers mystique, souvent « voyant », vaguement prophète, grâce à des pouvoirs magiques il accède à une transcendance située au-delà du sensible ; à l'écoute d'un mystérieux chant intérieur, il est métaphysicien et esthète, voué au culte élitiste du beau. Il aime à fréquenter les aires brumeuses de l'occultisme, il apprécie les légendes antiques et médiévales, il cultive les mythes germaniques familiarisés par la vogue wagnérienne ; il réhabilite les personnages sataniques et les figures blasphématoires :

> Le poète est un élu qui a le pouvoir de connaître et de transmettre des mystères. (...) Il se fait l'interprète et l'organisateur des mystères qu'il a perçus. (...) Le lyrisme symboliste, tout en prenant appui sur l'expérience individuelle, s'élève vers l'idéal.
>
> Florence Campa, *Parnasse, Symbolisme, Esprit nouveau*, Ellipses, 1998, p. 61.

La recherche formelle. Une écriture nouvelle doit correspondre à cette volonté supérieure. La première exigence est de rendre à la poésie sa force de suggestion au moyen de la musicalité, comme le conseille Verlaine dans son *Art poétique* :

> De la musique avant toute chose,
> Et pour cela préfère l'Impair
> Plus vague et plus soluble dans l'air,
> Sans rien en lui qui pèse ou qui pose.
> (...) Que ton vers soit la chose envolée...

Ghil parle « d'instrumentalisation verbale », les mots, les sons et les pensées produisant « leurs musiques propres et leurs rythmes » et Mallarmé conseille : « Oublions la distinction entre la Musique et les Lettres. »

C'est dans le sens de cette souplesse et de cette liberté qu'est imaginé un instrument inédit, le *vers libre*. Rimbaud, Laforgue, Viélé-Griffin et Stuart Merrill ont été les principaux utilisateurs de cette forme poétique théorisée par Gustave Kahn. Pour ce dernier, le vers, « fragment le plus court possible, figurant un arrêt de voix et un arrêt de sons », doit calquer son rythme sur le souffle et non sur un décompte préétabli. L'alexandrin peut être utilisé, mais en concurrence avec d'autres mètres – plus longs ou plus courts –, en fonction d'une exigence interne plus que d'une règle. La rime enfin n'est plus un absolu, elle est remplacée par l'assonance ou même supprimée. On lui préfère des effets d'écho intérieur et d'allitération :

> Le vers libre, au lieu d'être comme l'ancien vers des lignes de prose coupées par des rimes régulières, doit exister en lui-même par des allitérations de voyelles et de consonnes parentes. La strophe est engendrée par son premier vers ou son vers le plus important en son évolution verbale. L'évolution de l'idée génératrice de la strophe crée le poème particulier ou chapitre en vers d'un poème en vers.
>
> Gustave Kahn, Réponse à l'*Enquête sur l'évolution littéraire* de Jules Huret (1891).

Une langue neuve. Pour le Symbolisme, le mot est investi d'une valeur particulière, plus musicale et évocatrice que sémantique. Il est donc nécessaire de recourir à une langue pure et recherchée : « bonne langue – la bonne et luxuriante langue française d'avant les Vaugelas et les Boileau-Despréaux » écrit Moréas, qui réclame l'emploi d'« impollués vocables ». La phrase symboliste sera donc constituée de mots rares, précieux, rendus à leur sens originel ; elle se moulera dans une syntaxe disloquée, elliptique, libre. Le risque est l'obscurité, l'hermétisme, perçu du reste comme une vertu, celle de l'accès au mystère :

> Depuis qu'il y a des poètes, il n'a pas été inventé, pour l'écartement des importuns, une langue immaculée – des formules hiératiques dont l'étude aride aveugle le profane et aiguillonne le patient fatal ; – et ces intrus tiennent en façon de carte d'entrée, une page de l'alphabet où ils ont appris à lire ! Ô fermoirs d'or des vieux missels ! Ô hiéroglyphes inviolés des rouleaux de papyrus ! Qu'advient-il de cette absence de mystère ?
>
> Mallarmé, *L'Art pour tous* (1862).

À propos du « sonnet allégorique de lui-même », encore appelé parfois « sonnet en yx », le même Mallarmé écrit : « Le sens, s'il en a un (mais je me consolerais du contraire), grâce à la dose de poésie qu'il renferme, ce me semble, est évoqué par un mirage des mots mêmes » (*Poésies*). Le poème n'a pas à raconter, à signifier, il est assemblage de sons et de rythmes, labyrinthe de mots. La langue poétique, devenue énigme, est comprise des seuls élus, les initiés.

Prolongements et déclin

Récit et peinture

Les origines du mouvement et les goûts du moment ont contribué à associer le Symbolisme à un genre dominant, la poésie. Pourtant, quelques tentatives narratives méritent d'être retenues, au premier rang desquelles se placeraient les nouvelles de Jules Barbey d'Aurevilly (*Les Diaboliques*, 1874), le roman de Villiers de L'Isle-Adam *L'Ève future* (1883), les contes de Laforgue regroupés après sa mort sous le titre *Moralités légendaires* (1887) et surtout le livre culte des générations « fin de siècle », *À rebours* de J.-K. Huysmans (1884).

Ces rares récits aiment à déployer des descriptions détaillées et poétiques, rêvant de rivaliser avec une peinture qui elle-même tente d'atteindre, par le symbole, le sens occulte des valeurs secrètes. Pour se limiter à la France, il faudrait citer Puvis de Chavanne, Félicien Rops, Odilon Redon et surtout Gustave Moreau qui donne vie à des figures mythiques comme Orphée, Salomé ou Ophélie. Un mouvement pictural, les *Nabis* (le mot signifie « prophètes »), dont le principal représentant est Maurice Denis, vise des objectifs voisins. Quant aux Impressionnistes, ils ont également préféré la suggestion à la représentation, la magie des couleurs à la précision des formes.

Le drame symboliste

Le prolongement le plus fécond de la poésie symboliste est à chercher au théâtre, les symbolistes ayant voulu concevoir :

> un théâtre essentiellement poétique, délivré de l'anecdote et de la réalité quotidienne, restaurant les droits du rêve et de la suggestion. (...) Un drame franchement idéaliste et spiritualiste, largement ouvert sur le mystère, et puisant aux sources nouvellement redécouvertes du mysticisme et du surnaturel.
>
> Michel Lioure, *Le drame*, A. Colin, « U », 1963, p. 73.

Aux origines de ce théâtre se trouve le drame wagnérien, forme d'œuvre totale alliant tous les arts, plongeant dans les racines légendaires et exprimant d'élevés conflits métaphysiques. L'influence du musicien allemand se mesure à la fondation, en 1885, de la *Revue wagnérienne*, créée par Édouard Dujardin et dirigée par Teodor de Wyzewa. Mallarmé reconnaîtra souvent sa dette à l'égard de Wagner et, dans un article de cette revue, célébrera les mérites du maître.

Une autre influence vient du théâtre scandinave (Ibsen et Strindberg) servi par des metteurs en scène actifs tels Paul Fort au *Théâtre de l'Art* et Lugné-Poe à *L'Œuvre*. Le drame symboliste récupère l'aspiration idéaliste, voire mystique, le souci d'une langue recherchée et poétique, l'atmosphère onirique voire surnaturelle. On peut citer comme illustration *Axël* de Villiers de L'Isle-Adam (composé en 1872), *Pelléas et Mélisande* de Maeterlinck (qui sera mis en musique par Debussy, 1892), les premières pièces de Paul Claudel (*Tête d'or*, 1890 ; *La Ville*, 1901), enfin des œuvres plus modestes de Rachilde ou d'Henri de Régnier.

L'effacement du Symbolisme

Les conceptions symbolistes poussées à leur extrême aboutissaient à des impasses littéraires : hermétisme, dislocation du vers, rupture avec la vie et la nature, style tarabiscoté, atmosphères chlorotiques et évanescentes. Une première réaction se dessine avec Jean Moréas qui rompt avec le mouvement pour fonder, en 1891, *L'École romane* qui souhaite revenir à une littérature plus vigoureuse, à une écriture plus sobre inspirée du modèle de la Pléiade.

Dans les dernières années du XIXe siècle, le climat intellectuel et social change, agité par les empoignades liées à l'affaire Dreyfus. Les jeux d'esthètes ne paraissent plus de saison et le Symbolisme s'essouffle avec la disparition, le silence ou la désertion des meilleurs créateurs. L'esprit qui l'anime lui survit pourtant dans les décennies suivantes avec le maintien d'un *néo-Symbolisme* dont les représentants seraient Apollinaire, Valéry, Claudel, Gide. Les écoles novatrices du XXe siècle – Cubisme, Dada, Surréalisme – lui emprunteront son désir de libération poétique, son refus du réalisme, sa réhabilitation du rêve, son aspiration à plonger dans les arcanes de l'étrange. La révolution de la modernité est programmée.

Le Félibrige

Aux premières lignes de son essai de 1924 sur le Félibrige, Émile Ripert écrivait : « Les historiens de la littérature sont en général muets sur le mouvement littéraire qui fait l'objet de ce petit volume[1]. » Et en effet, dans le répertoire habituel des courants et écoles littéraires, celui où s'est illustré un de nos prix Nobel, Frédéric Mistral, est le plus souvent absent. Cet oubli trouve sans doute sa justification dans le fait que le Félibrige, s'il est bien considéré comme un mouvement littéraire, peine à être retenu dans la mesure où les auteurs qui s'y rattachent ne s'expriment pas dans la langue nationale, le français, mais dans un parler régional, le provençal. Argument recevable, mais qui a le défaut de ranimer le conflit fort ancien entre langues d'oil et d'oc et l'éviction de la seconde au profit de la première.

Sans remonter aux fondements de ce débat historico-linguistique et sans entrer dans la polémique, il nous a paru légitime d'entendre le regret d'Émile Ripert et de donner la place qui lui revient à un authentique mouvement littéraire, né il y a plus de cent cinquante ans et qui, fait unique, est encore vivace aujourd'hui, même si son audience et son action restent limitées à une aire géographique particulière. C'est une manière de rendre justice à une langue certes devenu minoritaire – et même confidentielle au XXIe siècle – mais qui a compté dans notre histoire et qui fait partie de notre patrimoine.

Naissance du mouvement

L'objectif avoué est d'œuvrer au renouveau de la langue provençale, mission engagée par quelques auteurs ou théoriciens du milieu du XIXe siècle, mais qui demandait à être développée et coordonnée. Tout commence alors, comme souvent, par une histoire d'amitié :

> « Nous étions, dans la contrée, un groupe de jeunes, étroitement unis, et qui nous accordions on ne peut mieux pour cette œuvre de renaissance provençale. Nous y allions de tout cœur[2]. »

Ces jeunes gens choisissent de se réunir tous les dimanches, le plus souvent en Avignon, chez Théodore Aubanel dont le père dirige une imprimerie. Ils sont plusieurs à participer une manifestation en faveur de la culture provençale organisée à Aix en 1853 et appelée *Roumavagi deis Troubaïres* (« La Fête des Troubadours »). Le dimanche 21 mai 1854, jour de la Sainte-

---

1. Émile RIPERT, *Le Felibrige*, Armand Colin, 1924, p. 1.
2. Frédéric MISTRAL, *Mes Origines. Mémoires et Récits*, Aubéron, 2006, p. 175.

Estelle, sept poètes – considérés comme les membres fondateurs, les « primadié » – se trouvent réunis au château de Font-Ségugne (commune de Châteauneuf-de-Gadagne, dans le Vaucluse) une « bastide de plaisance » écrit Mistral, propriété de la famille Giéra. Sont présents Théodore Aubanel, imprimeur, Jean Brunet, peintre-décorateur, Paul Giéra, notaire et auteur de chansons, Anselme Mathieu (ancien condisciple de Mistral à Aix-en-Provence), Joseph Roumanille, devenu libraire après avoir été répétiteur, le paysan Alphonse Tavan et Frédéric Mistral. Une photographie d'époque immortalise la rencontre. Après discussion, les membres du groupe décident de se baptiser *felibre* et de nommer *Felibrige* leur école selon une dérivation courante en provençal.

L'origine de ce nom a suscité bien des hypothèses. Certains commentateurs ont avancé des étymologies plus ou moins fantaisistes : « foi libre » (*fe libre* en provençal) ; « fait libre » (sous-entendu « la Provence ») ; « fait des livres » (*libre* en provençal). Plus sérieusement, le mot, qui se rencontre déjà dans des correspondances depuis un an, a été retenu par Frédéric Mistral qui l'a repéré dans une poésie légendaire en provençal où il est question de *lì set felibre de la Lèi*. Dans cette expression, le terme « felibre » pourrait venir du bas-latin *fellibris*, « nourrissons », « novices », « étudiants », substantif venu de *fellare*, « têter ». La formule relevée par Mistral se lirait donc « les sept spécialistes de la Loi ». L'adjectif *félibréen* désignera ce qui ressortit au Félibrige. Le jour de la sainte Estelle, devenue la patronne du mouvement, se tiendront des réunions solennelles (les « félibrées »). Frédéric Mistral, alors âgé de vingt-quatre ans et qui est en train d'écrire son vaste poème *Mireille* (*Mirèio* en provençal), est nommé *capoulié*, c'est-à-dire chef du groupe. L'étoile à sept branches est choisie pour emblème.

Esprit et action du Félibrige

Progressivement, le groupe va se structurer et, en 1862, se donner un statut avec un règlement en divers articles. Dans les statuts se trouve définie la vocation du mouvement :

> Le Félibrige est établi pour conserver toujours à la Provence sa langue, sa couleur, sa liberté d'allures, son amour national et son beau rang d'intelligence. Le Félibrige est gai, musical, plein de simplicité et de franchise, son vin est la beauté, son pain est la bonté, son chemin la vérité.

Cette volonté de gaieté bon enfant n'empêchera pas des chamailleries entre les membres fondateurs. Les félibres se répartissent en trois catégories ascendantes : *les adjudaires, les mainteneurs* (membres adhérents), *les majoraux*. Une sorte d'académie de cinquante félibres majoraux comprenant des poètes, des savants, des historiens est créée.

L'ambition du groupe est essentiellement poétique et littéraire et, au départ au moins, les préoccupations philologiques sont secondaires de façon à conserver une assise populaire. Car le provençal est largement compris et pratiqué dans le tout le sud de la France et en Provence en particulier

Pour fédérer l'action des félibres décision est prise de donner naissance à une publication annuelle, « l'Almanach provençal » (*L'Armana provençau*), rédigé en totalité en provençal. Dès le début, Mistral sera « le maître d'œuvre, sélectionnant, révisant et améliorant les textes, rédigeant le calendrier historique et les rubriques courantes, corrigeant les épreuves et, naturellement, contribuant par nombre de poèmes et proses de sa plume.[1] » Le poète de Maillane, malgré son jeune âge, sera l'âme du groupe et le contributeur essentiel de *L'Almanach* dont il s'occupera pendant tout le reste de sa vie. La première parution a lieu en 1855 et le succès est immédiat ; il ne se démentira pas, paraîtra sans discontinuer jusqu'en 1944 et contribuera à diffuser les idées félibréennes. Un organe de liaison plus récent lui succèdera, « La Revisto », revue bimensuelle (en provençal toujours) qui rend compte de la vie du Félibrige.

De nouveaux poètes ou écrivains rejoignent le groupe, Jean Reboul, poète-boulanger nîmois, Adolphe Dumas, très introduit dans les milieux parisiens, Amédé Pichot, Eugène Garcin, Félix Gras, Pierre Devoluy, Paul Arène (auteur de *Jean des Figues*)… L'épopée mistralienne *Mireille*, publiée en 1859 et immédiatement défendue par Lamartine, s'inscrit dans l'aventure du Félibrige, de même que *Calendau*, le poème suivant. Dans le même esprit mais dans un genre différent, Mistral met en chantier à partir de l'année 1875 un travail de philologue qui occupera près de vingt ans de sa vie, *Lou Tresor dou Felibrige* (*Le Trésor du Félibrige)* qui n'est autre qu'un dictionnaire Provençal-Français qu'on a comparé au *Dictionnaire de la langue française* de Littré.

Quand Mistral recevra le prix Nobel de littérature, en 1904, c'est un peu l'entreprise du Félibrige qui est récompensée, ainsi

1. Claude Mauron, *Frédéric Mistral,* Fayard, 1993, p. 112.

que le laisse entendre le jury de l'Académie suédoise, justifiant son choix *« en considération de sa poésie si originale, si géniale et si artistique, [...], ainsi qu'en raison des travaux importants dans le domaine de la philologie provençale »*. Les œuvres des autres auteurs du groupe – exceptés peut-être Roumanille et Aubanel ou Joseph d'Arbaud, auteur d'un roman apprécié, *La Bestio dòu Vacarés* – n'ont jamais atteint la même notoriété.

Actualité du Félibrige

Divers écrivains ont montré leur intérêt pour le Félibrige, tels Alphonse Daudet, Charles Maurras (qui furent *mainteneurs*) et même Émile Zola. Celui-ci, qui passa sa jeunesse à Aix-en-Provence, commença par exprimer son scepticisme quant à l'entreprise félibréenne. En juin 1892, pourtant, au cours de la félibrée de Sceaux (une importante fête régionaliste), il rendit hommage à ces jeunes poètes qu'il affecte de considérer comme sa « famille naturelle ». Maurras, lui, fut à l'origine d'une polémique nationale en souhaitant entraîner les félibres sur le terrain politique.

Manifestement, le mouvement appelé Félibrige doit tout à celui qui en fut le fondateur et l'animateur, le grand poète provençal Frédéric Mistral. Avec la disparition du Maître de Maillane en 1914, le Félibrige était condamné sinon à disparaître (ainsi que l'avait prophétisé divers commentateurs) du moins à décliner. Il est pourtant possible de dire, comme le faisait Marie-Thérèse Jouveau en 1980, que le mouvement « continue à se bien porter et a su traverser d'autres épreuves, comme les deux guerres mondiales, sans faiblir.[1] »

Au fil du temps, les statuts ont évolué mais l'organisation reste assez fidèle aux principes fondateurs. Sept « maintenances », correspondant aux parlers de la langue d'oc, font vivre le mouvement (Catalogne-Rousssillon, Gascogne-Béarn, Auvergne, Guyenne-Périgord, Limousin, Languedoc, Provence). Au Félibrige sont liés diverses associations et, à l'étranger, des membres associés, les « sòci », universitaires romanistes pour la plupart. En 1950 fut fondé en Provence un Groupement d'Études Provençales lié au Félibrige qui compta dans ses rangs des poètes, écrivains et artistes réputés.

---

1. Marie-Thérèse JOUVEAU, *Alphonse Daudet, Frédéric Mistral, la Provence et le Félibrige*, Imprimerie Bene, Nîmes, 1980, p. 602.

Le dernier mot revient à un historien du mouvement, René Jouveau, lui-même capoulié : « Ainsi le Félibrige continue. Il reste le champion d'une langue et d'une idée. Il continue un peuple et sa vocation. Il puise les raisons de son existence dans un héritage qui est celui d'un peuple[1]. »

1. René JOUVEAU, *Histoire du Félibrige*, T. II, 1970, p. 375.

Le vingtième siècle

Le Surréalisme

Généalogie du mouvement

Comme pour donner raison aux historiens de la littérature qui s'appliquent, en dépit des résistances et des incertitudes, à dégager de la succession chaotique des œuvres les lignes de partage et les aires de recouvrement permettant d'isoler les courants et les écoles, le Surréalisme se présente comme un authentique et indiscutable mouvement littéraire. On lui reconnaît une date de naissance, un chef de file, des membres agréés, des théories exprimées dans des manifestes, une philosophie et même, bien entendu, un déclin et une fin officielle. Ainsi calibré et étiqueté, le Surréalisme, au rebours des intentions avouées (« Nous n'avons rien à voir avec la littérature », Déclaration du 27 janvier 1925) semblait prédisposé à trouver sa place dans les histoires de la littérature. Et comme son rayonnement et son audience ont été, entre 1920 et 1940, tout à fait dominants, que son influence poétique et esthétique a été considérable, on est en droit de considérer que nous sommes en présence du courant artistique le plus marquant du XXe siècle, l'équivalent de ce que fut le Romantisme au début du siècle précédent.

Sources lointaines et immédiates

S'efforçant de trouver une ascendance à son mouvement, André Breton, dans le *Manifeste* de 1924, propose, après avoir cité Lautréamont, Dante et Shakespeare, une liste de vingt et un écrivains et poètes jugés surréalistes avant la lettre, parmi lesquels Swift et Hugo, Chateaubriand et Poe, Sade et Rimbaud, Constant et Jarry, Aloysius Bertrand et Mallarmé. Auxquels Breton ajoute quelques contemporains : Saint-Pol Roux, Fargue, Vaché, Reverdy, Saint-John Perse, Raymond Roussel. La liste n'est pas exhaustive puisqu'elle s'achève par un « etc. ».

C'est dire que les surréalistes ont aimé à se trouver des ancêtres multiples. On admet généralement comme un courant précurseur, la littérature symboliste et sa volonté de chercher la poésie au-delà de la chose montrée, mais également le romantisme allemand, le roman noir et la littérature fantastique, la philosophie hégélienne. La dette la plus sérieuse s'exprimant à l'égard des poètes « voyants » : Nerval, Hugo, Baudelaire, Lautréamont, Mallarmé, Rimbaud – et, évidemment, Apollinaire à qui est emprunté le mot « surréalisme ».

Apollinaire et le mot

Nerval emploie, dans la dédicace des *Filles du feu* le mot « supernaturalisme » ; Saint-Pol Roux use du vocable « idéoréalisme ». Finalement le nom qui sera retenu est repris d'Apollinaire qui, en 1917, appela sa pièce bouffonne *Les Mamelles de Tirésias*, « drame surréaliste ». Dans la préface, le poète justifie le néologisme par le désir de rompre avec la tradition et de définir une œuvre qui échappe au réel. Il se sert d'une comparaison souvent citée :

> Quand l'homme a voulu imiter la marche, il a créé la roue qui ne ressemble pas à une jambe. Il a ainsi fait du surréalisme sans le savoir.
>
> *Les Mamelles de Tirésias, Œuvres poétiques*, Bibliothèque de la Pléiade, p. 866.

Le parrainage d'Apollinaire est clairement revendiqué par Breton dans son premier *Manifeste* :

> En hommage à Guillaume Apollinaire, qui venait de mourir (...) Soupault et moi nous désignâmes sous le nom de surréalisme le nouveau mode d'expression pure que nous tenions à notre disposition et dont il nous tardait de faire bénéficier nos amis.
>
> *Manifestes du Surréalisme*, Gallimard, « Idées », p. 76.

L'auteur d'*Alcools* (mort en 1918) incarnait pour les jeunes poètes l'innovation, la liberté, l'originalité des images, bref le « génie poétique » (Breton). À l'issue de quelques hésitations et procès en paternité, le mot Surréalisme s'imposa et Breton baptise de ce nom une revue qui s'ouvre sur un manifeste où se trouve défini, dans un style de dictionnaire, le nouveau mouvement :

> SURRÉALISME, n.m. Automatisme psychique pur par lequel on se propose d'exprimer, soit verbalement, soit par écrit, soit de toute autre manière, le fonctionnement réel de la pensée, en l'absence de tout contrôle exercé par la raison, en dehors de toute préoccupation esthétique ou morale.
>
> *Ibid.*, p. 37.

De la guerre à Dada

Les trois fondateurs historiques du Surréalisme, Breton, Aragon et Soupault appartiennent à la même génération (ils sont nés en 1896 et 1897) et ont tous trois fait l'expérience de la guerre « dont ils ne gardent qu'un souvenir horrifié » écrit Philippe Audoin, qui ajoute :

> À leurs yeux, la guerre a été une inutile, une absurde abomination et, qui pis est, elle a entraîné une faillite générale de l'Esprit.
>
> *Les Surréalistes*, Seuil, « Écrivains de toujours », 1973, p. 10.

Ce rejet violent de la guerre explique certains engagements idéologiques et esthétiques futurs :

> Ils ne veulent plus rien avoir de commun avec une civilisation qui a perdu ses raisons d'être, et le nihilisme radical qui les anime ne s'étend pas seulement à l'art, mais à toutes les manifestations de cette civilisation.
>
> Maurice Nadeau, *Histoire du Surréalisme*, Seuil, « Points », 1964, p. 10.

Breton, de manière farouche, mais également Éluard, Péret exprimeront leur antimilitarisme, affirmant même leur « défaitisme de guerre », se refusant à évoquer le conflit mondial dans leur œuvre. La « crise de l'esprit » (Valéry) qui s'ouvre en 1918 ne pourra se résoudre que par un renouveau des comportements, de la pensée et de l'art.

En 1919, Breton, Soupault et Aragon fondent une revue qu'ils baptisent, par dérision plus que par allégeance, *Littérature*. Ils y publient Lautréamont et des textes d'avant-garde rédigés parfois au moyen de l'écriture automatique, tels *Les Champs magnétiques*. Le relatif conformisme de la revue sera perturbé par l'influence de Jacques Vaché, jeune dandy exalté à l'esprit corrosif qui se donnera la mort, et par celle de Tristan Tzara, un esthète roumain qui arrive à Paris en 1920 précédé d'une réputation sulfureuse.

Tzara a fondé, en 1916, à Zurich, un mouvement chargé de révolte et de négation, Dada. Dans son manifeste de 1918, Tzara assurait vouloir

> démoraliser partout et jeter la main du ciel en enfer, les yeux de l'enfer au ciel, rétablir la roue féconde d'un cirque universel dans les puissances réelles et la fantaisie de chaque individu.

Ce désir de provocation va encourager les surréalistes sur les voies de la radicalisation. Sans adhérer totalement au nihilisme de Dada, ils lui empruntent son sens du scandale, son refus de la littérature traditionnelle, sa haine de la société bourgeoise, sa fascination pour le néant. Mais Dada, par son vœu de stérilité littéraire, contient en lui-même sa propre condamnation. Si l'on prétend créer une esthétique nouvelle, il faut dépasser le mépris de l'écriture affiché par le Dadaïsme. Au cours de l'été 1921, l'effigie de Dada est noyée dans la Seine par des étudiants. Le Surréalisme, un moment fasciné par ce modèle de révolte, peut reprendre sa liberté et dessiner sa voie : celle de la libération du langage et des forces de l'imaginaire.

Histoire du Surréalisme

L'heure des manifestes (1920-1930)

L'histoire, passablement agitée et pittoresque, du Surréalisme commence donc au début des années vingt avec la rédaction (dès 1919 à vrai dire) des *Champs magnétiques* – premier vrai texte du nouveau mouvement cosigné d'André Breton et Philippe Soupault –, mais aussi par l'aventure de *Littérature* et les expériences d'écriture sous hypnose menées par René Crevel et Robert Desnos. L'année importante sera 1924 où est créée une nouvelle revue, *La Révolution surréaliste*, où s'ouvre un « Bureau de recherches surréalistes » et où est rédigé un violent pamphlet à l'encontre d'un écrivain contraire à la nouvelle esthétique, Anatole France : « Avec France, c'est un peu de la servilité humaine qui s'en va. » L'année suivante, une autre occasion de scandale est offerte avec le banquet en l'honneur de Saint-Pol Roux où on détruit tables et chaises et où on distribue aux invités un libelle insultant contre Paul Claudel qui s'était permis de désavouer le mouvement : « On ne peut être à la fois ambassadeur de France et poète. »

Au bénéfice de ces manifestations, le groupe se constitue, et à Breton, Aragon, Éluard et Soupault se joignent Jacques Baron, Robert Desnos, Benjamin Péret, Max Ernst, Pierre Unik, Roger Vitrac, Antonin Artaud, André Masson, Pierre Naville. C'est encore au cours de l'année 1924 que le groupe s'est donné une doctrine avec la publication du *Manifeste* de Breton, ouvrage fondamental qui résume les positions et les objectifs du mouvement. Aragon donne à la revue *Commerce* un article intitulé « Une vague de rêves » qui confirme les principes esthétiques.

Les années suivantes seront marquées à la fois par des tentatives pour consolider les assises du groupe et par des dissensions internes qui amèneront l'exclusion de certains membres, notamment en raison du rapprochement (pas unanime) avec le Parti communiste. Divers textes paraissent, diverses réunions tumultueuses se tiennent et, le 15 décembre 1929, dans le dernier numéro de *La Révolution surréaliste*, Breton publie le *Second manifeste*. Ce texte tend à redéfinir le mouvement à un moment critique de son évolution. La question essentielle consiste à situer le Surréalisme par rapport à la Révolution (dont il s'est toujours réclamé) et à l'instance politique censée l'incarner, le Parti communiste.

Il est difficile d'entrer dans le détail des convergences et des dissidences au niveau des hommes et des idées. On peut dire, pour faire simple, que le Surréalisme reste fidèle à sa vocation révolutionnaire (la nouvelle revue dirigée par Breton à partir de 1930 s'appellera *Le Surréalisme au service de la Révolution*), mais prend ses distances par rapport à l'idéologie marxiste. L'objectif, c'est la « révolte absolue », « l'insoumission totale » (Breton), de là cette affirmation provocante :

> L'acte surréaliste le plus simple consiste, revolvers aux poings, à descendre dans la rue et à tirer au hasard, tant qu'on peut, dans la foule.
>
> Breton, *Second manifeste du Surréalisme, Op. Cit.*, p. 78.

Parallèlement, Breton affirme la priorité des valeurs poétiques, métaphysiques et éthiques pour son mouvement. Les traîtres au Surréalisme sont frappés d'excommunication (Soupault, Artaud) et le « pape » lui-même (Breton) est violemment brocardé dans un texte vengeur à nouveau appelé *Un Cadavre*, dont les auteurs sont Ribemont-Dessaignes, Prévert, Queneau, Vitrac, Leiris, Desnos… Au cours de la même année 1930, Aragon, invité en URSS, se convertit définitivement au communisme. Les « périodes héroïque et raisonnante » du mouvement (Nadeau) s'achèvent.

Des conflits au déclin (1930-1969)

La période qui va de 1930 à la déclaration de guerre sera l'ère des ruptures. Aragon, décidément trop rallié à l'orthodoxie stalinienne, est ouvertement attaqué et choisit de se retirer. En 1933, Breton, Éluard et Crevel sont exclus du P.C. (Crevel choisira, en 1935, la voie du suicide). Au Congrès des Écrivains pour la défense de la Culture (1935), Breton n'est pas invité. Les procès de Moscou commencent à soulever des protestations – trop tièdes de la part d'Éluard qui est exclu. Un rapprochement éphémère est tenté avec Georges Bataille qui dirige la revue *Contre attaque*. L'activisme de l'extrême droite puis l'arrivée au pouvoir du Front populaire et la Guerre civile en Espagne aboutissent à creuser les divergences. Au cours d'un voyage au Mexique, Breton rencontre Trotski avec lequel il rédige un manifeste : *Pour un art révolutionnaire indépendant*, texte qui revendique l'indépendance de l'artiste par rapport au pouvoir.

Le second conflit mondial amorce le déclin :

> La guerre va entraîner l'éclatement du groupe surréaliste et rendre irréversibles certaines divisions qui étaient apparues en son sein.
>
> Philippe Forest, *Le Mouvement surréaliste*, Vuibert, « Thématique », 1994, p. 66.

Breton et Péret s'exilent en Amérique. Aragon, Éluard et Desnos choisissent la Résistance (Desnos, déporté, mourra au camp de Terezin) ; certains se rapprochent du franquisme comme Salvador Dalí. Au lendemain de la guerre, toute réconciliation devient impossible. Dans *Le Déshonneur des poètes* (1945), Péret fustige les poèmes patriotiques d'Aragon et Éluard. D'autres membres se rapprochent du groupe (Julien Gracq, Mandiargues, Jean Schuster, Alain Jouffroy). D'autres combats et d'autres aventures semblent possibles, comme en témoignent *L'Exposition internationale du Surréalisme* (1947), ou les nouveaux intérêts pour l'alchimie (*Arcane 17* de Breton) ou l'utopie (redécouverte de Charles Fourier). Des revues naissent et disparaissent (*Néon*,

Médium, *La Brêche*, *L'Archibras*...), de nouveaux poètes se révèlent (Jean-Pierre Duprey), des manifestations attestent la survie du mouvement.

Mais de nouveaux maîtres à penser (Sartre, Camus) relayent ces « jeunes bourgeois turbulents » (Sartre) ; la littérature s'ouvre à des recherches plus neuves (Nouveau Roman, groupe *Tel Quel*). Quand Breton disparaît, le 28 septembre 1966, le mouvement lui survit laborieusement. Trois ans plus tard, Jean Schuster annonce dans *Le Monde* la mort du Surréalisme « historique ».

La révolution surréaliste

En jouant sur les mots on peut réunir sous le vocable « révolution » l'essentiel des objectifs du mouvement surréaliste. Révolution d'abord parce que le groupe est animé d'un désir de révolte – contre l'ordre bourgeois, contre les œuvres périmées, contre les artifices littéraires – prélude à une possibilité de « changer la vie » (suivant l'injonction rimbaldienne), puisque « l'existence est ailleurs » (Breton, *Premier manifeste du Surréalisme*). Mais révolution aussi parce que le mode de pensée, les méthodes de création, la promotion de l'imagination et le primat de la liberté artistique vont bouleverser les conceptions de la littérature.

Au-delà du réel

L'inconscient, le rêve, la folie. Comme son nom l'indique, le Surréalisme souhaite dépasser la réalité en remontant aux sources secrètes de la création. C'est pourquoi la raison, la logique sont congédiées :

> Sous couleur de civilisation, sous prétexte de progrès, on est parvenu à bannir de l'esprit tout ce qui se peut taxer à tort ou à raison de superstition, de chimère (...). L'imagination est peut-être sur le point de reprendre ses droits.
>
> André Breton, *Premier manifeste du Surréalisme*, *Op. Cit.*, p. 19.

Les états de « surréalité » sont ceux du rêve, de la folie (qu'il s'agit de réhabiliter), du merveilleux. Dans ce travail de « récupération psychique de notre force psychique » (Breton), la psychanalyse, par sa volonté d'explorer l'inconscient, devient une alliée précieuse. L'activité onirique vient féconder l'imagination et se substitue à l'existence fade. L'étude des comportements et des productions des fous ouvre des voies inédites et inexplicablement délaissées.

L'écriture automatique. Pour découvrir le « fonctionnement réel de la pensée » (Breton), les surréalistes préconisent une création spontanée, magique et inconsciente, celle offerte par l'écriture automatique que décrit Breton :

> Faites-vous apporter de quoi écrire, après vous être établi en un lieu aussi favorable que possible à la concentration de votre esprit sur lui-même. Placez-vous dans l'état le plus passif ou réceptif que vous pourrez. Faites abstraction de votre génie, de vos talents et de ceux de tous les autres. (...) Écrivez vite sans sujet préconçu, assez vite pour ne pas retenir et ne pas être tenté de vous relire. (...) Continuez autant qu'il vous plaira.
>
> *Ibid.*, p. 42-43.

Divers poèmes et textes seront rédigés de la sorte à commencer par *Les Champs magnétiques* (1920) et les poèmes de *Clair de terre* ou les proses de *Poisson soluble* de Breton, certains poèmes de Desnos (*La Liberté ou l'Amour*, *Corps et Biens*). Le but est d'éliminer l'intervention de la raison, la censure de la conscience, de saisir le langage à sa naissance, à l'état brut, de restaurer une parole non littéraire devenue, comme par magie, chargée de poésie.

Les jeux collectifs. Une autre façon de désarmer la logique et de favoriser les capacités poétiques est l'utilisation collective et ludique du langage, notamment grâce au jeu des « petits papiers pliés ». Une feuille circule, chacun écrit un mot ou un membre de phrase, plie le papier et le passe à son voisin. On obtient ainsi une phrase aléatoire de forte charge métaphorique. En référence à la première phrase ainsi créée, on a baptisé le jeu « cadavre exquis ». Mais d'autres jeux (questions-réponses, définitions, collages, proverbes détournés...) doivent également susciter des images étranges et libératrices :

> Le vice appelé Surréalisme est l'emploi déréglé et passionnel du stupéfiant *image*, ou plutôt de la provocation sans contrôle de l'image pour elle-même (...); car chaque image à chaque coup nous force à réunir tout l'univers.
>
> Aragon, *Le Paysan de Paris*, 1926, Folio, p. 82.

Une vie de cryptographe

Dans *Nadja* (1927), Breton écrit cette phrase à valeur de programme :

> Il se peut que la vie demande à être déchiffrée comme un cryptogramme.

Ainsi les surréalistes doivent, pour échapper au rationalisme stérile et à la fadeur du quotidien, guetter et saisir les messages cachés de la vie, repérer les signes annonciateurs de la merveille. La déambulation dans Paris s'assimile ainsi à une quête et plus encore la fréquentation de certains lieux privilégiés : l'île de la Cité, la porte Saint-Denis, la gare du Nord, la tour Saint-Jacques – prétextes à des chocs esthétiques, à des émotions créatrices. Le Surréalisme se vit dans la rue, dans les cafés ; il exige une intense réceptivité, un sens de l'accueil :

> Indépendamment de ce qui arrive, n'arrive pas, c'est l'attente qui est magnifique.
>
> Breton, *L'Amour fou*.

Le récit *Nadja* peut se ramener à un itinéraire parisien. Dans *Anicet ou le Panorama, roman*, Aragon imagine un jeune poète qui, se promenant dans Paris, reconstruit une ville hallucinatoire. *Le Paysan de Paris* (1926), du même Aragon, nous transmet aussi cette étrange poésie urbaine.

De la même façon, l'objet est investi d'un pouvoir de mystère :

> fragments inutilisables, presque incompréhensibles, pervers enfin au sens où je l'entends et où je l'aime.
>
> Breton, *Nadja*.

Dans cette quête de la surprise, manière de « déréaliser » le monde (Alquié), les surréalistes cultivent ce qu'ils appellent, empruntant la formule à Hegel, le *hasard objectif*. Il s'agit de coïncidences inattendues, de prémonitions, de phénomènes troublants attestant la présence de forces occultes. Ainsi, dans *Nadja* les personnages sont en permanence assaillis par des manifestations supra-naturelles. On cite aussi les exemples de Chirico faisant, en 1913, le portrait d'Apollinaire qui porte, à la tempe, la trace de la blessure qu'il devait recevoir à la guerre quatre ans plus tard. Ou Benjamin Péret qui croit lire sur la vitre de sa cellule le chiffre 22 annonciateur de sa libération qui surviendra le 22 juillet 1940.

Une éthique de l'amour

Dans son essai Ferdinand Alquié écrit :

> La déréalisation du monde quotidien fut toujours, chez les surréalistes, au service d'un espoir positif de possession et de découverte. (...) C'est pourquoi l'amour, entendons ici l'amour passion, prend d'emblée, dans les préoccupations surréalistes, la première place.
>
> *Philosophie du Surréalisme*, Flammarion, 1977, p. 92.

Par l'amour l'homme peut accéder à une transcendance prometteuse, à une liberté suprême. Et un amour perçu aussi bien sous sa forme d'érotisme émancipateur, nouveau libertinage composé de transgression et de provocation et inspiré de Sade, que sous une forme plus chaste, plus sublime, amour rendu à sa dimension mystique, irréelle, fusionnelle :

> J'ai tant rêvé de toi que tu perds ta réalité. (Desnos)
> Nous sommes réunis par-delà le passé. (Éluard)

Le poète se déprend de lui-même dans l'expérience de l'amour ; il entre dans les zones suprêmes de la « subversion totale » (Breton) où la passion se confond avec la révolution, où le quotidien cède magiquement la place au merveilleux. Amour unique, électif, absolu comme le définit Breton :

> le mystérieux, l'unique, le confondant, l'indubitable amour – tel enfin qu'il ne peut être qu'à toute épreuve.
>
> *L'Amour fou*

Le Surréalisme dans ses œuvres

La poésie première

La recherche du surréel, l'exploration de l'inconscient, la recréation verbale, le culte de l'image sont autant de moyens qui trouvent leur parfaite réalisation dans l'activité poétique qu'on doit bien considérer comme essentielle au Surréalisme. Les grands noms du mouvement – Breton, Soupault, Éluard, Aragon, Péret – et les autres tels Crevel, Artaud, Char, se sont prioritairement illustrés dans ce genre. La poésie surréaliste, totalement affranchie (dans un premier temps au moins) des règles formelles, se fonde sur l'image, « création pure de l'esprit » chargée « de puissance émotive et de réalité poétique » (Breton, *Premier manifeste du Surréalisme*). Chacun a en mémoire quelques-unes de ces fulgurances métaphoriques :

> La rosée à tête de chat (Breton)
> La charrue des mots est rouillée (Éluard)
> Les dimanches passaient comme des couleuvres (Leiris)
> Ô soupirs insectes d'avenir (Péret)
> Le cadran solaire de ta vie (Desnos)

Cette poésie visionnaire doit parler non à l'intelligence mais à la sensibilité. Les mots n'ont plus à nommer mais à créer le charme. La lecture est plaisir, la création jouissance :

> [Le poète] tendra le fruit magnifique de l'arbre aux racines enchevêtrées et saura persuader ceux qui le goûtent qu'il n'a rien d'amer. Porté par la vague de son temps, il assumera pour la première fois sans détresse la réception et la transmission des appels qui se pressent vers lui du fond des âmes.
>
> Breton, *Les Vases communicants*, 1932.

Les compositions automatiques ont pu un moment favoriser ce projet (tel que l'illustre le long poème lyrique de Breton *L'Union libre*). Pourtant, vers la fin des années trente, certains poètes surréalistes – Aragon, Éluard, Desnos – n'hésitent pas à recourir à des mètres traditionnels comme l'alexandrin et à une construction plus concertée et finalement plus classique.

Les autres genres

Les surréalistes se sont longtemps défendus de faire de la littérature ; ils ne pouvaient donc qu'exprimer leur mépris pour le genre dominant du XXe siècle, le roman, que Breton rejette violemment :

> Un genre inférieur tel que le roman et d'une façon générale tout ce qui participe de l'anecdote.
>
> *Premier manifeste du Surréalisme, Op. Cit.*, p. 24.

Ce qui est essentiellement reproché au roman est sa vanité à imiter la réalité, ses prétentions réalistes, sa vocation platement narrative servie par l'artifice de la description :

> Et les descriptions ! Rien n'est comparable au néant de celles-ci ; ce n'est que superposition d'images de catalogues, l'auteur

en prend de plus en plus à son aise, il saisit l'occasion de me glisser ses cartes postales.

Ibid.

Ces préventions n'empêchent pas quelques œuvres majeures de se rapprocher de la narration, comme celle où Aragon exhibe la fausse allégeance générique de son récit poétique (*Anicet ou le Panorama, roman*, 1921), ou celle de Breton, *Nadja*, que l'auteur prétend soustraire aux trucages romanesques par l'exigence de vérité, le remplacement de la description par la photographie, le brouillage générique. Aragon – qui sera finalement le romancier le plus fécond du mouvement, surtout après la guerre – ne s'est pas gêné de critiquer le roman, d'en subvertir les codes, d'en élargir le champ (*Aurélien*, *Les Beaux quartiers*, *Les Voyageurs de l'impériale*, etc.).

La production théâtrale s'établit elle aussi sur la transgression d'un interdit. Breton, Aragon ont récusé ce genre démodé, trompeur, artificiel, lui préférant, sur les planches, des spectacles délibérément niais. Si bien qu'il n'existe pas réellement de théâtre surréaliste sauf quelques timides tentatives de Tzara et surtout les œuvres, fort différentes, de deux auteurs ayant appartenu au groupe, Roger Vitrac (*Victor ou les enfants au pouvoir*, 1927) et Antonin Artaud, un peu dramaturge (*Les Cenci*, 1935) mais surtout théoricien du théâtre (*Le Théâtre et son double*, 1938) et comédien.

Hors de la littérature

Le Surréalisme, mouvement esthétique le plus important du XXe siècle, n'a pas limité son rayonnement à la littérature. Même si ces domaines excèdent notre objet, il nous faut faire mention d'un cinéma surréaliste, avec l'œuvre du cinéaste espagnol Luis Buñuel qui réalisa, en collaboration avec Dalí, deux films marquants : *Un Chien andalou* (1929) et *L'Âge d'or* (1930). Enfin on n'oubliera pas l'apport de la peinture surréaliste qui s'est fait grâce à des artistes originaux comme Duchamp, Picabia, Chirico, Klee, Man Ray (également photographe), Max Ernst, Tanguy, Mirò, Magritte, Masson, Dalí... Reprenant ou dépassant d'autres tendances de la peinture contemporaine, le Surréalisme pictural a surtout souhaité appliquer aux arts plastiques des procédés hérités de la poésie : collage, allégorie, détournements d'objets, plongée dans l'onirisme, etc.

Le Surréalisme – aussi bien en art qu'en philosophie ou en politique – s'est fixé des objectifs ambitieux puisqu'il a souhaité investir des zones inconnues de la sensibilité et renverser tous les interdits. Une phrase de Breton résume cette volonté :

> Aider, dans la mesure du possible, à la libération sociale de l'homme, travailler sans répit au désencroûtement intégral des mœurs, refaire l'entendement humain.
>
> *La Clé des champs*

Il faut bien admettre que ce programme révolutionnaire est loin d'avoir été totalement atteint. La vie n'a pas été changée par le seul fait de quelques poètes impertinents, le monde a continué de respecter des valeurs plus mercantiles que poétiques, plus guerrières que réformistes. Les surréalistes, avec le recul, paraissent souvent bien bruyants, bien arrogants, bien inconséquents même, ayant parfois érigé le désordre et la provocation gratuite en règle esthétique. Leur rêve messianique un peu trop copié sur les modèles soviétique ou trotskiste, et donc pas toujours compatible avec leur idéal de liberté, n'a pas résisté au temps et aux impératifs de la modernité. Pourtant leur humanisme généreux, leur enthousiasme désintéressé, leur réinvestissement du langage ont secoué les consciences dans un siècle troublé par les conflits et fasciné par le profit. À cet éveil poétique, premier apport du Surréalisme, il convient d'ajouter l'élargissement du champ de la sensibilité désormais ouverte aux dérapages intemporels de l'imagination et à l'indicible appel du désir.

Trois écoles poétiques du XXe siècle

Nous aimerions profiter de cette section consacrée au plus important mouvement littéraire, – et essentiellement poétique – du XXe siècle pour mentionner quelques autres regroupements d'écrivains et surtout de poètes qui ont donné naissance à diverses « écoles », dont le nombre est révélateur d'une intense activité poétique et de la nécessité, dans une époque agitée et versatile, de redécouvrir les vertus du groupe. L'importance relative de chacune de ces écoles, souvent revendiquées comme telles, ne méritait pas un développement étoffé, mais il eût été injuste de les passer sous silence alors qu'elles sont traditionnellement mentionnées dans les histoires de la littérature. Nous en retiendrons trois.

L'Unanimisme

Ce mouvement littéraire assez bref est lié à un homme qui en fut le fondateur et l'animateur essentiel, Jules Romains. Il est fortement lié aussi, sans qu'il se confonde avec lui, avec le groupe de « **l'Abbaye** » que fréquenta également Romains, réunion d'artistes qui, vers le début du siècle, louèrent ensemble une propriété près de Créteil pour y fonder une communauté. Parmi eux Charles Vildrac, Georges Duhamel, René Arcos, le peintre Gleizes, le musicien Doyen. On recevait en ce lieu – appelé l'Abbaye en référence à Thélème – des hommes de lettres ou de grands esprits venus pour débattre et réfléchir. On y rencontra Marinetti, Pierre Jean Jouve ou Théo Varlet. Une revue voit le jour qui a pour nom *La Vie* et qui, dans son numéro de décembre 1904, publie un manifeste à valeur de programme où l'on peut lire :

> Ce que nous voulons, avant tout, c'est ce qui n'existe pas : faire la revue de notre temps, c'est-à-dire la revue qui chantera la vie *vitale*, la vie sereine et bonne [...] la vie libre, la vie dans toutes ses manifestations.
>
> Cité par Michel Décaudin, *La Crise des valeurs symbolistes*, Slatkine, 1981, p. 228.

Quelques œuvres, comme *L'Âme essentielle* d'Arcos, illustrent ce programme assez flou. L'Abbaye se fit même éditeur, publiant, par exemple, le livre de Jules Romains, *La Vie unanime* (1908), livre qui devait devenir le manifeste de l'Unanimisme. Après un peu plus d'une année, l'expérience de l'Abbaye, autant philosophique que littéraire, s'interrompit.

Le relais sera assuré par l'Unanimisme. Vers les premières années du XXe siècle, le jeune normalien Louis Farigoule, qui deviendra célèbre en littérature sous le nom de Jules Romains, acquit la conviction, à rebours du Symbolisme encore vivace, de l'existence d'une communion entre les hommes sous la conduite du poète, intercesseur privilégié. Une plaquette, *L'Âme des hommes*, publiée en 1904, proclamait cette volonté. Le groupe humain constituerait, selon lui, une unité spirituelle bien que laïque dont l'âme collective dépasse les étroites limites de l'individu. Le rôle du poète consiste à chercher à favoriser, par son verbe, l'adhésion des hommes au monde qui les entoure et leur rapprochement mutuel.

Le projet reprenait les idées du poète américain Walt Whitman et s'inspirait en même temps des descriptions innovantes de Gustave Le Bon dans *La Psychologie des foules*. Les écrivains tentés par l'entreprise avaient pour nom Georges Chennevière, André Spire, Luc Durtain, Georges Duhamel et, plus fugitivement, Pierre Jean Jouve. Mais aucun ne produisit à proprement parler une œuvre qui s'inspirât des principes du maître. Seul Jules Romains, fidèle à son idée, illustrera littérairement les thèses du mouvement dans des recueils comme *Un Être en marche* (1910) et surtout *La Vie unanime*, recueil central dans lequel s'expriment le mieux les conceptions unanimistes :

> Les hommes
> Ressemblent aux idées qui longent un esprit.
> D'eux à moi rien ne cesse d'être intérieur ;
> Rien ne m'est étranger de leur joue à ma joue
> Et l'espace nous lie en pensant avec nous.

Interrogé sur l'homogénéité du groupe et l'étiquetage en « école », Jules Romains répondait à un journaliste :

> Sans doute, l'Unanimisme, c'est commode pour nous classer, mais ce classement ne fait pas de nous des affiliés à une secte. Nous n'avons aucun règlement intérieur ni extérieur, pas de formules définitives et absolues. Chacun va selon son inspiration en suivant son programme personnel.

Entretien publié dans *Le Figaro* du 8 mars 1911, cité par Michel Décaudin, *Op. Cit*, p. 450.

Un tel jugement vaudrait pour beaucoup de mouvements recensés dans cet ouvrage.

Seul Georges Chennevière, ami et disciple de Romains, auteur du grand poème *Le Printemps* (1909) fut un des acteurs de l'Unanimisme resté à la postérité. En effet, le retentissement du mouvement se révéla assez modeste et son existence éphémère, sauf pour Jules Romains qui prolongera son inspiration dans la fresque romanesque qui commence à paraître dans les années trente, *Les Hommes de bonne volonté*. Malgré sa relative confidentialité, l'Unanimisme suscitera un large intérêt de la part des romanciers et des poètes, qu'ils soient français ou étrangers.

L'École fantaisiste

Une autre preuve du foisonnement poétique du début du XXe siècle, de l'impatience à trouver des formes nouvelles en échappant aux sirènes du Symbolisme, de la nécessité aussi, pour les poètes, de se retrouver autour d'aspirations communes et d'une fraternité de créateurs est donnée par l'« École fantaisiste ».

On fait démarrer l'aventure « fantaisiste » de l'année 1907, moment où Francis Carco, qui s'est lié, au lycée d'Agen où il est maître d'internat, avec un jeune élève de terminale, Philippe Huc (le futur Tristan Derème), commence à publier des poésies dans différentes revues ; ou de 1909, année où le même Carco rencontre un autre jeune poète, Jean Pellerin, puis un autre, sensiblement plus âgé, Jean-Marc Bernard, enfin un troisième, venu de Toulon, Léon Vérane. Des liens d'amitiés à distance se tissent jusqu'à la publication, à Tarbes, en 1911, de ce « qu'on pourra considérer comme l'acte de naissance du groupe nouveau »[1], le *Petit cahier.*

L'année suivante, en 1912, Derème publie un article dans lequel il mentionne divers groupes de poètes, comme les *fantaisistes* et les *indépendants*. Puis dans la revue de Vérane, *Les Facettes*, Derème toujours tentera une définition :

> Faut-il définir la fantaisie et avancer qu'elle est une manière de douce indépendance et parfois comme un air mélancolique qui voile un sourire ambigu ? [...] un souci agréable de liberté individuelle et sentimentale qui permette de donner au monde des aspects imprévus.
>
> Cité par Michel Décaudin, *Op. Cit.*, p. 13.

Comme l'explique par ailleurs Carco, les *indépendants* (moins structurés et moins homogènes : Salmon, Deubel, Spire...) conduisent aux *fantaisistes* « qui, sous les dehors d'une ironie amusée, discrète et nonchalante, préparent un large retour de l'instinct de vivre et de créer » (*Ibid.*, p. 15).

Les fantaisistes se réclament d'une poésie légère, sans pose, ironique, celle de Nerval et de Verlaine, de Laforgue et de Corbière, de Francis Jammes et de Paul Fort. Le groupe s'associe de nouveaux noms comme Claudien (Robert de la Vaissière, lui aussi répétiteur au lycée d'Agen), René Bizet, Marcel Ormoy, mais ne peut prétendre former une « école » sans la présence d'un chef de file : ce sera Paul Jean Toulet (1867-1920). Celui-ci, venu

1. Michel DÉCAUDIN, *Les Poètes fantaisistes*, *Anthologie*, Seghers, 1982, p. 12.

de sa province après un séjour à l'île Maurice, s'est installé à Paris aux alentours de 1900, a publié un roman, collaboré à diverses revues, écrit des reportages, rédigé des contes jusqu'à ses premières « contrerimes », à partir de 1910, qui lui procureront le statut de maître parmi les poètes de la famille fantaisiste. Malade, il se retirera au Pays basque, publiera un dernier roman (*La Jeune fille verte*) et meurt avant de voir la publication des *Contrerimes*, son recueil le plus important (1921).

Le mouvement fantaisiste s'est voulu en rupture avec l'esprit du Symbolisme. Son esthétique se tourne vers un néo-classicisme léger ; sa thématique est celle de la nature, de la vie simple de la campagne, de la jeunesse insouciante, de l'amitié franche, de l'amour sans complication, de la mélancolie délicate dénuée d'amertume comme l'exprime Carco dans ses *Chansons aigres-douces* :

L'heure amère des poètes
Qui se sentent tristement
Portés sur l'aile inquiète
Du désordre et du tourment.

Leur sensibilité porte les fantaisistes du côté d'un épicurisme de bon aloi, d'un détachement moqueur face à l'agitation du monde, d'un art de vivre fait de dérision, de tendresse, d'élégance – du comportement et de l'écriture. Au risque de verser parfois dans la virtuosité gratuite ou dans l'épanchement élégiaque, comme dans cette « contrerime » de Toulet :

Mourir non plus n'est ombre vaine,
        La nuit quand tu as peur,
N'écoute pas battre ton cœur :
        C'est une étrange peine.

(LXX)

Les fantaisistes ne dédaignent pas de célébrer les charmes troubles de la ville, les plaisirs populaires et la banalité quotidienne, comme le fait Vérane :

Les crocheteurs, les marlous,
Les marins bronzés de hâle
Vident pour quatorze sous
De grands verres pleins d'opales.

« Bar »

ou Francis Carco (« C'est au son de l'accordéon/Que Nénette a connu Léon ») ainsi qu'un dernier arrivé qui prolonge le groupe, Philippe Chabaneix :

> Un air d'accordéon
> Et dans les yeux des larmes...
> C'était au bar des Carmes
> Tout près du Panthéon.
>
> « Rue des Carmes »

On a pu reprocher aux poètes fantaisistes une certaine facilité d'écriture, un goût pour les acrobaties verbales, une excessive prudence dans l'utilisation des formes poétiques, une fadeur de l'inspiration, un manque d'ambition, en somme. Tout n'est pas faux dans ce réquisitoire, sauf qu'on peut transformer ces tares en vertus ou, du moins, en principes créatifs.

L'École fantaisiste ne survivra qu'à peine à la Grande Guerre où Jean-Marc Bernard a perdu la vie. Toulet disparaît en 1920, puis Pellerin, des suites de ses blessures. Carco change d'orientation en se tournant vers le roman et l'arrivée de Philippe Chabaneix, au début des années vingt, ne réussit pas à relancer le groupe. En 1922, Tristan Derème, dans *Verdure dorée* dresse un bilan de ces années de camaraderie poétique et certains vers ont des accents d'adieu :

> Vous, Carco, Pellerin, Vérane et vous Jean-Marc
> Bernard, vous qui fumez la pipe et bandez l'arc [...]
> N'avez-vous point rêvé d'ouvrir ce parasol
> Fait de peau de panthère et de plume d'autruche.

L'École de Rochefort

On peut partir de la phrase de Jean-Yves Debreuille qui renvoie à l'acte de naissance du groupe :

> Si l'on croyait encore aux lieux prédestinés, on ne s'étonnerait guère d'une génération spontanée de la poésie de Rochefort-sur-Loire.
>
> *L'École de Rochefort. Théories et pratiques de la poésie, 1941-1961*, Presses universitaires de Lyon, 1987, p. 85.

C'est « en pleine douceur angevine » (*Ibid.*), à cinq kilomètres en aval du confluent de la Maine et de la Loire, dans un petit bourg sans prétention, qu'à l'instigation d'un pharmacien amateur de lettres, Jean Bouhier, ancien habitué des milieux poétiques parisiens, auteur d'un recueil de poèmes en prose, *Hallucinations* (1937), va se regrouper, en des étapes successives, une pléiade de neuf poètes qu'on appellera « Les Amis de Rochefort » ou « l'École de Rochefort ».

Un des premiers à rejoindre Bouhier est Michel Manoll, né en 1911, libraire à Nantes, qui a publié, en 1938, *La Première chance*. Manoll amène René Guy Cadou (1920-1951), dont il a soutenu les débuts poétiques alors que celui-ci était lycéen à Nantes. Puis, dans des conditions diverses, vont se rapprocher d'autres membres de ce qui va devenir la future école : Marcel Béalu, Luc Bérimont, René Chaulot, Jean Follain, Louis Guillaume, Jean Rousselot.

Le 15 mai 1941, l'éditeur René Debresse fait paraître le premier *Cahier de l'École de Rochefort*. Il s'agit d'un poème de René Guy Cadou intitulé « Années-lumière » au dos duquel figure le manifeste du groupe :

> Quelques écrivains, poètes, peintres, sculpteurs et musiciens rassemblés par les circonstances et unis par une communion d'idées ont créé *L'École de Rochefort*. Son programme n'est qu'un appel à l'enthousiasme, à la plénitude de la vie (...). Dans leur intention de contribuer à l'élaboration et à la diffusion d'œuvres jeunes et neuves, relevant d'une forte personnalité, les membres de l'École ont décidé de publier régulièrement les *Cahiers de l'École de Rochefort* dont chacun sera consacré à une œuvre inédite, d'inspiration littéraire, poétique, musicale ou artistique ; ils organisent des expositions d'œuvres d'art.
>
> Cité par J.-Y. Debreuille, *Op. Cit.*, p. 94.

Si l'on souhaite recenser les caractéristiques du groupe on peut, en s'inspirant de Debreuille, retenir :

– un certain spiritualisme ou idéalisme (perceptible au terme « enthousiasme ») ;

– un souci de modernité : l'école veut refléter son temps, se réclame de la jeunesse et rejette la « vieillerie poétique » ;

– une ambition collective, même si le rassemblement annoncé est largement exagéré, le groupe se limitant (surtout au moment de la rédaction du manifeste) à quelques individus.

On ajouterait un farouche désir d'indépendance, le goût de l'insolence, un lyrisme du terroir et de la province (« Hommage au décor, influence d'un paysage fait de la jointure des deux France » écrit Jean Dubacq en préface de son anthologie, *L'École de Rochefort*, Poésie 1, n° 11, 1-15 juillet 1970). Au cours de la deuxième guerre mondiale, les poètes de Rochefort, sans verser dans une poésie militante, ont tenu à faire entendre leur voix afin d'exalter les valeurs humanistes qui les animaient.

Sans vouloir établir de hiérarchie entre les membres de l'École, on est autorisé à dire que le poète le plus important du groupe fut le Breton René Guy Cadou, mort à 31 ans et qui, dans une vingtaine de recueils, s'est plu à restituer les paysages de sa Brière natale, à célébrer avec lyrisme le sens de l'amitié et la ferveur amoureuse pour Hélène, son épouse et inspiratrice. Ainsi ces vers :

> Il a suffi du liseron du lierre
> Pour que soit la maison d'Hélène sur la terre
> Les blés montent plus haut dans la glaise du toit
> Un arbre vient brouter les vitres et l'on voit
> Des agneaux étendus calmement sur les marches...

« La Maison d'Hélène », *Hélène ou le Monde végétal*,
dans *Œuvres poétiques complètes*, t. II, Seghers, 1973, p. 13.

D'autres poètes se sont agrégés au groupe, tels Pierre Béarn, Lucien Becker, Sylvain Chiffoteaux ou Luc Decaunes. Quant au nombre de poètes ayant publié à Rochefort, soit dans les *Cahiers*, soit dans la collection *Fronton*, ils se comptent par dizaines, tels Jean l'Anselme, Alain Borne, Joë Bousquet, Georges-Emmanuel Clancier, Jacques Réda.

Le retrait de Bouhier, en 1957, marque le déclin du mouvement, déclin que précipite un fait social important dans la vie des lettres : la disparition des cafés littéraires. La dixième série des *Cahiers* (1961) demeure incomplète, marquant l'effacement d'une école aussi fraternelle que féconde, bien qu'on lui ait reproché son caractère « facile » – alors qu'elle souhaitait surtout parler à tous.

À l'ultime question, essentielle ici, de savoir si Rochefort fut vraiment une « école », Debreuille répond, dans sa conclusion, en commençant par pointer les insuffisances :

> [...] dissonances, importance relative des poètes qui y ont participé, inégalité de leur implication, insuffisances de la réflexion théorique, valeur excessive du sigle par rapport à son contenu. Mais si l'on se rapporte à tous les autres groupements qui, sans réunir toutes ces qualités, ont cependant été jugés dignes du statut de mouvement littéraire, la conclusion s'impose : Rochefort a été une école.

Op. Cit., p. 435.

Autour de l'Existentialisme

Littérature et philosophie

Un mouvement philosophique

L'Existentialisme est avant tout une doctrine – ou un ensemble de doctrines – philosophique qui affirme le primat de l'existence. Parmi diverses définitions, celle-ci :

> On désigne par ce nom toute philosophie qui porte son intérêt sur l'existence, comprise non comme l'être des choses, mais comme la subjectivité humaine.
>
> S. Auroux et Y. Weil, *Dictionnaire des auteurs et des théories de la philosophie*, Hachette, 1991, p. 135.

Ce type de philosophie s'oppose à l'*essentialisme* qui met l'accent sur l'essence dans l'approche de l'homme, celui-ci tentant, par sa vie concrète, de réaliser un modèle essentiel préétabli qu'on appellerait « nature humaine ».

Pour l'Existentialisme, « l'existence précède l'essence » (formule célèbre de Sartre), c'est-à-dire que la réalité de l'existence (le vécu, le réel tangible) ne saurait être précédée par un concept abstrait. L'homme se définit donc par la somme de ses expériences (non par des attributs génériques) et par son aptitude à composer avec les contingences de la vie. Face à cette vie, il doit choisir librement son chemin et assumer les conséquences de cette douloureuse liberté. La prise de conscience de cet état peut être la source d'une angoisse métaphysique ou existentielle.

Les précurseurs de ce courant philosophique se rencontrent dès l'antiquité avec les Stoïciens (tel Sénèque), puis avec saint Augustin ou Pascal. Les initiateurs plus récents sont, au XIXe siècle, Nietzsche, Stirner et surtout le philosophe danois Kierkegaard. Mais c'est au début du XXe siècle que la pensée existentialiste s'affirme à travers des philosophes allemands comme Husserl, Jaspers et Heidegger. Le mot lui-même apparaît en France vers le début des années quarante et se répand largement après la guerre. En France, quelques philosophes vont se réclamer de ce courant : Maurice Merleau-Ponty, qui propose une « description phénoménologique » du monde ; Gabriel Marcel qui souhaite édifier un Existentialisme chrétien et surtout Sartre, dont le nom est indissolublement lié à cette doctrine qu'il explicite dans ses essais philosophiques et qu'il expérimente dans ses œuvres littéraires. Méritent d'être associés à ces noms ceux de Simone de Beauvoir, dont l'œuvre s'est bâtie dans le sillage de celle de Sartre, et Albert Camus, soucieux surtout de montrer les conséquences de ces idées sur les rapports de l'homme avec la société. Le courant « personnaliste » représenté par Emmanuel Mounier, fondateur de la revue *Esprit*, n'en fut pas très éloigné non plus.

Un mouvement intellectuel et social

Au lendemain de la Libération, les conditions semblent réunies en France pour que se répande dans le grand public cette philosophie et qu'elle donne naissance à un courant de pensée dont les retentissements se feront sentir dans l'activité littéraire aussi bien que dans les comportements sociaux, et ceci entre 1945 et 1960 environ :

> Ce courant fut certainement national : en lui se reconnurent les générations des années 1945, riches des espoirs formés par la Résistance. Intellectuels, enseignants, artistes furent « existentialistes » par une sensibilité commune, plus vécue que réfléchie. (...) Les luttes de la Résistance donnèrent à cette quête d'authenticité la perspective d'un projet plus concret, plus constructif, celle d'un monde individuel et collectif à reconstituer, ce fut la quête d'un nouvel humanisme, et le difficile cheminement sur les « chemins de la liberté ».
>
> A. Tosel, *Histoire littéraire de la France*, Éditions sociales, 1980, t. 12, p. 33.

L'intérêt pour l'Existentialisme dépassa largement le domaine de la pensée et donna naissance à une mode qui trouva à s'exprimer dans la vie jugée extravagante menée par une jeunesse turbulente centrée autour de Saint-Germain-des-Prés. Sans grand discernement, l'opinion, soutenue par une presse avide de nouveauté, associa le nom des créateurs (Sartre, Simone de Beauvoir) à des lieux mythiques (*Le Café de Flore*, *Les Deux Magots*, *Le Tabou*), à une musique (le jazz), une danse (le be-bop), un type de chanson (Juliette Gréco), un comportement général fait d'anticonformisme bruyant, de provocation et d'originalité.

Les représentants de la tradition assimilèrent dans une condamnation confuse les vraies tentatives de renouvellement de la pensée et de l'écriture et les manifestations d'un défoulement juvénile et tapageur. L'existentialiste, vaguement confondu avec le « zazou », allait devenir un être crasseux, veule, paresseux, débauché et rebelle. Avec humour, Boris Vian (qui en fut un acteur critique) restitue, dans *L'Écume des jours*, le climat de l'époque en relatant de façon parodique l'acte de naissance officiel du mouvement : la conférence de Jean-Paul Sartre en octobre 1945 sur le thème *L'Existentialisme est un humanisme.*

Les retentissements littéraires

Les fondements philosophiques de l'Existentialisme autant que les polémiques qu'il a suscitées ne doivent pas cacher l'influence du mouvement sur la littérature. Car les thèmes et les enjeux liés à la doctrine semblent, comme on l'a écrit, trouver un vecteur favorable dans les œuvres littéraires :

> Le climat philosophique de l'existentialisme, avec la grande place qu'il accorde au tragique et à l'angoisse, avec sa prédilection pour les ambiguïtés, les paradoxes, les ruptures, s'accommode mal des formes classiques du discours philosophique et de la sérénité du développement systématique. En tout cela, la philosophie de l'existence éprouve la nostalgie des formes littéraires et dramatiques.
>
> Jacques Lecarme, *La Littérature en France depuis 1945*, Bordas, 1970, p. 25.

Le lien se fait donc réciproque :

> Si la philosophie, tout en gardant sa terminologie et sa technicité, se tourne ainsi vers la littérature, la littérature, de son côté, se fait interrogation métaphysique.
>
> *Ibid.*

La forte personnalité de Sartre, menant conjointement une œuvre philosophique et littéraire, la large audience de Camus, lui aussi aux franges des deux écritures, favoriseront l'intégration de l'Existentialisme à l'histoire littéraire du XXe siècle, faisant de ce courant de pensée le symétrique du Surréalisme.

Les grandes orientations de l'Existentialisme

Il n'est guère possible, à propos de l'Existentialisme, de dégager des modèles esthétiques ou thématiques dans la mesure où aucun texte théorique, aucun manifeste ne définit les pratiques littéraires du mouvement. On peut toutefois repérer certaines tendances qui montrent comment la philosophie peut nourrir la littérature.

– *L'exercice de la liberté*. Dans sa conférence de 1945, Sartre déclare :

> Nous sommes seuls, sans excuses. C'est ce que j'exprimerai en disant que l'homme est condamné à être libre. Condamné, parce qu'il ne s'est pas créé lui-même, et par ailleurs cependant libre, parce qu'une fois jeté dans le monde, il est responsable de tout ce qu'il fait.
>
> *L'Existentialisme est un humanisme,* 1946.

Les œuvres romanesques ou dramatiques auront à exposer cette situation, en dénonçant les lâchetés et le mensonge (comme dans *Huis clos* de Sartre), en représentant l'homme face à ses choix ou ses responsabilités (Sartre, *Les Mouches*, *Le Mur* ; Camus, *L'Étranger*, *Caligula*), en décrivant l'oppression et les voies qui permettent de s'en libérer (S. de Beauvoir, *Mémoires d'une jeune fille rangée*, *Le Deuxième Sexe*). La trilogie romanesque de Sartre porte pour titre d'ensemble *Les Chemins de la liberté.*

– *Le rapport au monde*. On citerait cette fois Maurice Merleau-Ponty :

> L'existence au sens moderne, c'est le mouvement par lequel l'homme est au monde, s'engage dans une situation physique et sociale qui devient son point de vue sur le monde.
>
> « La querelle de l'existentialisme », *Sens et Non-sens*, Nagel, 1948, p. 125.

La littérature existentialiste réfléchit à la relation de l'homme au monde et à la société. Ce monde informe et brut dans lequel il est jeté et qu'il a du mal à comprendre doit être transformé en un univers particulier et reconnaissable, adapté à l'être et à sa conscience. Autrui est une composante de ce monde, qui oriente l'action de chacun dans le sens de l'objectivation et de la contingence. Sartre décrit dans *L'Âge de raison* un barman qui, accomplissant « des gestes d'une précision légèrement superflue », joue au barman. L'autre n'est pas seulement le juge, il peut être aussi le méchant, l'incarnation du Mal, celui sur lequel je transfère mes tares et mes fautes (Camus, *L'Étranger* ; Sartre, *Saint Genet, comédien et martyr*).

– *L'absurde*. La découverte des limites de l'homme face à un monde hostile ou opaque, conduit à le placer dans un état de déréliction d'où découle une souffrance existentielle, une angoisse qui peut prendre la forme de la « nausée ». Pour Sartre, qui développe ce thème, ce mal résulte de la contingence, comparable à celle d'une racine de marronnier ou d'une statue de jardin public :

> Et *moi* – veule, alangui, obscène, digérant, ballottant de mornes pensées – *moi aussi j'étais de trop.* (...) De trop, mon cadavre, mon sang sur ces cailloux, entre ces plantes, au fond de ce jardin souriant.
>
> *La Nausée* (1938)

Le pessimisme, la désillusion prend, chez Camus, la forme de ce qu'il appelle l'*absurde*, sentiment né du divorce entre l'homme et le monde et qui s'exprime dans un essai, *Le Mythe de Sisyphe* (1942), dans un roman, *L'Étranger* (1942), et au théâtre (*Caligula*, 1945 ; *Les Justes*, 1949). Progressivement, Camus évoluera vers un pessimisme moins désespéré illustré par une allégorie de l'action (*La Peste*, 1947) et une exaltation de la révolte (*L'Homme révolté*, 1951). Il reviendra, dans les dernières années de sa vie, à une vision plus sombre (*La Chute*, 1956).

– *L'engagement*. Pour les existentialistes, la littérature ne saurait être un divertissement d'esthète. Pour combattre les manifestations du Mal (dont la guerre est un exemple récent), pour accomplir son devoir d'homme libre, pour peser sur un monde dont il n'est qu'un invité accessoire, l'écrivain se doit de mettre sa plume au service d'une cause sociale et politique, comme le conseille Sartre :

> Un des principaux motifs de la création artistique est certainement le besoin de nous sentir essentiels par rapport au monde. (...) Écrire c'est une certaine façon de vouloir la liberté ; si vous avez commencé, de gré ou de force vous êtes engagé.
>
> « Pourquoi écrire ? », *Qu'est-ce que la littérature ?*, Gallimard, coll. « Idées », 1948.

Camus, dans son *Discours de Suède*, au moment de la remise du prix Nobel (1957) défendra des positions voisines. L'« engagement » (qui ne se limitera pas aux frontières de l'Existentialisme et qu'on retrouve dans d'autres œuvres du siècle comme celles de Nizan, Aragon, Malraux...) est d'autant plus nécessaire que la France traverse, entre 1930 et 1960, une période particulièrement troublée, avec la montée du fascisme, le conflit mondial, la guerre froide, l'hégémonie marxiste, la remise en cause du colonialisme. La révolte, réclamée par Camus pour répondre à l'absurde, sera une autre manière de refuser l'indifférence au monde.

Les formes littéraires de l'Existentialisme

La production littéraire inspirée par l'Existentialisme s'est essentiellement exprimée dans trois genres : l'essai, le roman, le théâtre. L'essai, par sa nature, ressortit davantage à la philosophie – ce qui est le cas de *L'Être et le Néant* de Sartre, de la *Phénoménologie de la perception* de Merleau-Ponty, ou de *L'Homme révolté* de Camus. Cependant, l'essai aborde parfois les questions littéraires comme dans certains articles de Sartre (*Qu'est-ce que la littérature ?*, *Situations*) ou de Camus (*Le Mythe de Sisyphe*, *Actuelles*).

La popularité du courant existentialiste repose prioritairement sur ses réussites romanesques. Sous l'influence de Kafka, du roman américain et du « roman noir », Sartre, Camus, Simone de Beauvoir et quelques rares épigones inventent un type de roman qui marquera la décennie 1945-1955 et dont Maurice Nadeau définit les caractères :

> Il s'approche le plus possible du document, de la confession. On cherche à s'écarter le plus possible de ce qui pourrait passer pour de la « littérature » : la construction romanesque, le souci de vraisemblance, le projet artistique et les préoccupations d'écriture, au profit de ce qu'on nomme « l'authentique » et qui, même dans l'exceptionnel ou le pathologique, doit donner l'accent de la vérité crue, de l'expérience vécue.
>
> *Le Roman français depuis la guerre*, Gallimard, coll. « Idées », 1963, p. 111.

Les héros sont des êtres ordinaires, sans ambition ni envergure, les événements sont dépourvus de prestige et plutôt conformes à ce que la vie a de plus sordide, car on doit tout dire, refuser les tabous, susciter le scandale. L'écriture, elle aussi dépouillée des effets littéraires, sera « blanche » (comme on l'a dit de Camus à propos de *L'Étranger*), directe, proche de l'oralité voire de la vulgarité. Cette esthétique est vérifiable dans les récits de Sartre : *La Nausée* (1938), les cinq nouvelles qui composent *Le Mur* (1939), la trilogie des *Chemins de la liberté* (*L'Âge de raison*, 1945, *Le Sursis*, 1946, *La Mort dans l'âme*, 1949) ; de Simone de Beauvoir : *L'Invitée* (1943), *Les Mandarins* (1954) ; de Camus : *L'Étranger* (1942), *La Peste* (1947), *La Chute* (1956). Ses nouvelles (*Noces*, *L'Exil et le Royaume*) se démarquent de l'inspiration existentialiste pour atteindre parfois l'épure classique.

Au théâtre, l'Existentialisme, peu soucieux de renouveler les formes dramatiques, a surtout souhaité mettre en scène des idées ou des thèses. Le théâtre de Sartre – partie féconde et vivace de son œuvre – a pu porter sur la question de la liberté morale (*Les Mouches*, 1943 ; *Huis clos*, 1944) sur le combat du bien et du mal (*Le Diable et le Bon Dieu*, 1951), sur les problèmes sociaux ou politiques (*La Putain respectueuse*, 1946, *Les Séquestrés d'Altona*, 1959...). Celui de Camus tente de mettre en évidence, de façon parfois didactique, la philosophie de l'absurde : *Le Malentendu* (1944), *Caligula* (1945), *Les Justes* (1949).

À côté de ces noms majeurs pourraient figurer Jean Genet, esprit indépendant, représentant du Nouveau Théâtre, romancier au verbe coloré et poétique qui, par certains de ses thèmes, se rapproche de l'Existentialisme, ou le poète Francis Ponge inspiré par les théories phénoménologiques, ainsi que les habitués de la revue *Les Temps modernes* créée et dirigée par Sartre, Boris Vian, Colette Audry et même Marguerite Duras. Mais, comme l'écrit Nadeau :

> « l'école » a été peu prodigue en romanciers de valeur. Cinq ou six talents promettaient, qu'on a aujourd'hui oubliés.
>
> *Ibid.* p. 121.

Réactions et bilan

Le courant existentialiste – identifié à la figure emblématique de Sartre – a dominé de manière hégémonique le paysage intellectuel français de l'après-guerre jusqu'à la fin des années cinquante. Par lui la littérature se mettait au service de l'idéologie (de préférence de gauche) pour devenir un instrument du militantisme contestataire. L'effet négatif ne tarda pas à se faire sentir :

> La réaction fut vive. Contre la littérature dite engagée, la littérature de délassement. Contre l'angoisse métaphysique, l'amour de vivre. Contre la prédication, l'ironie. Contre le témoignage et le document, l'art d'écrire.
>
> J. Majault, J. Nivat, Ch. Géromini, *Littérature de notre temps*, Casterman, 1966, p. 244.

Un certain nombre d'écrivains aux aspirations communes, se situant politiquement plutôt à droite, désireux de rendre à la littérature ses vertus d'impertinence, de désinvolture, de style sont présentés comme les adversaires de l'Existentialisme. On les nomma les « Hussards », en référence à Stendhal et à deux titres de l'époque, *Le Hussard bleu* de Roger Nimier, *Le Hussard sur le toit* de Jean Giono. Ces romanciers – qui ne sont pas structurés en « école » – sont Roger Nimier, Michel Déon, Jacques Laurent, Antoine Blondin, Bernard Frank et, un peu plus tard, Françoise Sagan. Ils mettent en scène des héros jeunes, amoureux de la vie, insolents et désabusés.

Le succès des « Hussards », bien qu'éphémère, attestait, vers la fin des années cinquante, la remise en cause du rayonnement existentialiste. Les débats idéologiques commençaient à lasser, le modèle communiste montrait ses défaillances, l'individualisme et la consommation gagnaient du terrain. L'engouement pour la philosophie existentielle et la littérature qui l'accompagnait allait être relayé par de nouvelles modes intellectuelles : le Nouveau Roman, le Théâtre de l'absurde, puis, à partir du milieu des années soixante, le Structuralisme.

Aujourd'hui, après un demi-siècle, l'Existentialisme semble avoir perdu de son attirance. On doit pourtant lui reconnaître d'avoir été, pour les trois lustres où il a régné, un stimulant pour la vie de la pensée et des lettres et, pour la période qui a suivi, un terrain inaugural :

> *L'Innommable* de Beckett va plus loin que l'Absurde de Camus, le théâtre de Jean Genet fait peut-être oublier celui de Sartre. Il reste à savoir si Sartre et Camus n'ont pas précisément rendu possibles Genet et Beckett.
>
> Jacques Lecarme, *Op. Cit.*, p. 28.

Le Nouveau Roman et le Nouveau Théâtre

Une révolution littéraire ?

L'Alittérature

En voulant éviter de dissocier les spécificités génériques, on pourrait choisir, pour ce chapitre consacré à la production littéraire des années cinquante, le mot d'« alittérature », utilisé par Claude Mauriac pour titrer son essai de 1958, *L'Alittérature contemporaine* (Albin Michel) et dont le sens est donné par lui dans un article de peu antérieur :

> L'allitérature (c'est-à-dire la littérature délivrée des facilités qui ont donné à ce mot un sens péjoratif) est un pôle jamais atteint,

> mais c'est dans sa direction que vont, depuis qu'il y a des hommes et qui écrivent, les auteurs honnêtes.
>
> *Le Figaro*, 14 novembre 1956.

Le terme, qui a l'avantage de souligner l'attitude de refus par rapport aux modèles passés, ne s'est pas imposé et a été remplacé par des expressions adaptées aux deux genres dominants, le roman, le théâtre. Il pourrait prétendre traduire, pourtant, cette mutation importante qui s'est produite dans la littérature de l'après-guerre, inaugurant ce que Nathalie Sarraute a appelé « l'ère du soupçon »[1]. En effet, au milieu du XXe siècle on vit, pour utiliser la terminologie de Julien Gracq, la littérature de « rupture » prendre le pas sur la littérature de « tradition » [2]. On parlera de « crise » ou de « révolution », on évoquera une nouvelle manière de lire, de penser la littérature :

> La littérature demande en somme qu'après avoir appris à déchiffrer mécaniquement les caractères typographiques, l'on apprenne à déchiffrer l'intrication des signes dont elle est faite. Pour elle, il existe un second analphabétisme qu'il importe de réduire.
>
> Jean Ricardou, *Problèmes du Nouveau roman*, Seuil, 1967, p. 20.

Et le même Ricardou aura cette formule, devenue célèbre : la littérature (au moins le roman) ne sera plus « l'écriture d'une aventure » mais « l'aventure d'une écriture ».

C'est dans cet esprit de rupture, d'innovation, de remise en cause des formes traditionnelles, de procès à la littérature même, que s'inscrivent deux mouvements apparentés dans leur contenu comme dans leur chronologie, le Nouveau Roman et le Nouveau Théâtre (ou Anti-théâtre).

Le contexte historique et intellectuel

Avec la fin de la guerre de 1939-1945, la France entre dans une nouvelle phase de civilisation dont les échos se font sentir dans la

1. *L'Ère du soupçon*, recueil d'articles parus en 1956 chez Gallimard, et pour lequel Alain Robbe-Grillet rédigea un compte rendu dans la revue *Critique*. Voir *Œuvres complètes*, Pléiade, 1996, p. 1553.
2. C'est dans une conférence prononcée à l'École normale supérieure de la rue d'Ulm en 1960 et intitulée « Pourquoi la littérature respire mal » que Gracq décrivait ce clivage vérifiable, d'après lui, à toutes les époques. Repris dans *Préférences, Œuvres complètes*, t. 1, Pléiade, 1989, p. 860 *sqq*.

vie culturelle. Il faut rebâtir le pays, remobiliser les forces vives, rendre à l'art et à la création leur place perdue. Il faut aussi dépasser le Mal, le génocide, la monstruosité du nazisme, les lâchetés de la collaboration, les crimes nécessaires de la Résistance, la menace nucléaire. L'homme de plume ne peut plus se tenir en marge de la vie sociale et politique, ce que démontre le courant de l'Existentialisme et de la littérature « engagée » ; il ne peut plus reproduire des schémas hérités des modèles humanistes. La littérature paraît à beaucoup un divertissement vain qu'il s'agit de contester, de dépasser, de subvertir.

Les sciences humaines – l'histoire, la philosophie, la psychanalyse, la linguistique – fournissent une alternative séduisante avec des chefs de file comme Raymond Aron, Jean-Paul Sartre, Claude Lévi-Strauss, Michel Foucault, Roland Barthes. Le discours critique se nourrit de ces nouvelles pratiques et proclame volontiers l'épuisement de la fiction (Georges Bataille, Maurice Blanchot, Michel Leiris). Sont réhabilités des auteurs jugés prophétiques des aspirations nouvelles : Gide, Proust, Faulkner, Kafka, Musil, Joyce… La classe intellectuelle a par ailleurs le désir de se démarquer des intérêts économiques et sociaux qui commencent à s'imposer dans les années cinquante : augmentation de la production industrielle, course à la consommation, accroissement de la démographie, urbanisation, démocratisation de l'instruction et du loisir, montée de l'individualisme. Face à ces changements radicaux se développe un courant de contestation ou de dérision d'où découlera cette littérature du refus que nous avons nommée « alittérature ».

Le Nouveau Roman

La naissance du mouvement

On s'accorde aujourd'hui à considérer le Nouveau Roman comme un « mouvement » littéraire – sinon une « école » – en dépit des réserves des intéressés et de l'absence d'homogénéité du groupe qui le constitue. Ce qui autorisait Jean Ricardou à déclarer en 1973 :

> Ce n'est pas un groupe, ni une école. On ne lui connaît pas de chef, de collectif, de revue, de manifeste. (…) C'est à l'imprécision d'une foule de listes officieuses variées qu'on a bientôt affaire.
>
> *Le Nouveau roman*, Seuil, 1973, p. 6.

Protestation justifiée qui n'empêche pas de dessiner les contours d'une « famille ». On attribue traditionnellement la première mention de l'expression « Nouveau Roman » au critique du *Monde*, Émile Henriot, dans un article du 22 mai 1957 consacré à *La Jalousie* d'Alain Robbe-Grillet et à *Tropismes* de Nathalie Sarraute qui venait d'être réédité. Étaient ainsi baptisées des positions esthétiques jugées voisines chez des romanciers pourtant assez dissemblables.

Leur véritable point commun, en fait, était d'être publiés par le même éditeur, Jérôme Lindon des Éditions de Minuit. Et c'est d'ailleurs devant cette maison que sont regroupés dans une photographie fameuse, les principaux représentants de « l'école » : Alain Robbe-Grillet, Claude Simon, Claude Mauriac, Robert Pinget, Samuel Beckett, Nathalie Sarraute et Claude Ollier. Manquaient à l'appel Marguerite Duras, Michel Butor et Jean Ricardou.

La facticité du regroupement, souvent soulignée, n'empêche pas de lui reconnaître, avec des nuances, une certaine unité d'aspiration et des positions théoriques communes.

Ces thèses sont développées dans des essais presque contemporains comme *L'Ère du soupçon* de Nathalie Sarraute (première publication en 1950), *Pour un nouveau roman* de Robbe-Grillet (1955), *Essais sur le roman* de Michel Butor (1955) où se dessinaient les grandes lignes d'une esthétique qui allait consacrer l'expression :

> « Nouveau Roman » est une appellation commode, mise en circulation par les journalistes, pour désigner un certain nombre de tentatives qui, dans l'anarchie des recherches individuelles, ont convergé dans le refus de certaines formes romanesques : le roman psychologique ou d'analyse, le roman de passion ou d'action au profit d'un discours qui se préoccuperait moins des conventions du genre que d'une réalité particulière à exprimer.
>
> Maurice Nadeau, *Le Roman français depuis la guerre*, Gallimard, coll. « Idées », 1963, p. 160.

Deux questions font problème : le label d'appartenance au « mouvement », naturellement incertain puisqu'il n'est pas officiellement constitué (diverses « listes » ont circulé qui peuvent rajouter ou soustraire des noms comme ceux de Jean Cayrol, Kateb Yacine, Claude Mauriac, Samuel Beckett, Marguerite Duras…) ; la délimitation chronologique, en gros de 1953 (Robbe-Grillet, *Les Gommes* ; Nathalie Sarraute, *Martereau*) jusqu'au milieu ou à la fin de la décennie suivante – même si les auteurs concernés (hormis Butor peut-être) continuent à publier. En 1971, le colloque de Cerisy intitulé *Nouveau roman : hier et aujourd'hui*, s'interroge sur l'existence du groupe.

Les composantes esthétiques

La marque essentielle du Nouveau Roman serait, comme on l'a beaucoup dit, son aptitude au refus et à la subversion. Cette attitude se manifeste à divers niveaux de l'écriture narrative :

– *la fin de l'intrigue* : l'« histoire » racontée par le livre, n'est plus qu'accessoire ; de toute façon elle ne respecte plus un déroulement linéaire et chronologique mais repose sur des jeux temporels, sur la circularité, sur l'utilisation de l'espace et du décor, sur des reprises harmoniques, sur une impression de décousu ou d'arbitraire. Parlant des romans de Beckett, Françoise Baqué écrit :

> l'histoire, se niant elle-même, aboutit à un « anti-roman » exemplaire.
>
> *Le Nouveau roman*, Bordas, 1972, p. 28.

– *l'effacement du personnage* : au même titre que l'intrigue, le personnage subit une entreprise de déconstruction. À l'épaisseur psychologique du personnage balzacien, les nouveaux romanciers préfèrent une figure floue, mal identifiée, « sans qualité » (c'est-à-dire sans caractéristique), orphelin de son ancienne gloire comme le note Nathalie Sarraute :

> Il a, peu à peu, tout perdu : ses ancêtres, sa maison soigneusement bâtie (...), ses propriétés et ses titres de rente, ses vêtements, son corps, son visage, ce bien précieux entre tous, son caractère qui n'appartenait qu'à lui, souvent jusqu'à son nom.
>
> *L'Ère du soupçon, Œuvres complètes*, Gallimard, Pléiade, p. 1578.

– *l'invasion des choses* : la dissolution du personnage s'accompagne d'une prolifération quantitative et qualitative des objets, saisis non pour leur aspect pittoresque ou réaliste, mais pour leur poids menaçant dans un univers déshumanisé. La description méticuleuse des « choses » (une tomate, une araignée, un pilier, une reproduction dans un train, ...) aboutit à une « littérature objective » (Roland Barthes) vidée d'humanité et génératrice de vertige. On a parlé, à propos du Nouveau Roman, d'« école du regard ».

– *une énonciation problématique* : se réclamant de quelques glorieux modèles (Diderot, Gide), les nouveaux romanciers brouillent les marques de l'énonciation et de la focalisation :

> La voix narrative s'efface souvent sans qu'un opérateur semble maîtriser les prises de parole. L'énonciation peut être mouvante, dispersée en dialogues et monologues juxtaposés.
>
> Francine Dugast-Portes, *Le Nouveau roman*, Armand Colin, 2005, p. 111.

Les pronoms sujets sont nombreux, changeants, indéterminés, la phrase est foisonnante, touffue, polyphonique.

Parmi les autres caractéristiques, on noterait :

– l'utilisation (parfois parodique ou ludique) de l'intertextualité (effet de citation de paraphrase, de référence…) ;

– le thème de la quête : récit d'une errance dans un environnement symbolique, pseudo-enquête policière ;

– le refus de l'idéologie, de la thèse, de la confidence : le récit, froid, neutre, existe par lui-même, pour lui-même ;

– une composition soigneusement pensée, calculée à partir de schémas préétablis, parfois mathématiques ;

– le recours à la « mise en abyme » qui peut être, pour Ricardou, « révélatrice » (elle explicite le récit) ou « antithétique » (elle le conteste) ;

– l'appel à la collaboration du lecteur, tenu de quitter le confort d'une lecture passive et paresseuse au profit d'une attitude critique et exigeante ;

– le refus du sens : la signification, l'interprétation du message écrit sont secondaires, voire aléatoires.

Les auteurs et les œuvres

Difficile de recenser toutes les productions qui, officiellement ou non, se rattachent au Nouveau Roman. Pourtant, près d'un demi-siècle après l'émergence de l'école, la critique retient quelques créateurs essentiels :

– Alain Robbe-Grillet (1922-2008), théoricien influencé par la phénoménologie, homme de science connu pour ses descriptions minutieuses jugées tantôt « parfaitement subjectives »[1], tantôt froidement objectives : *Les Gommes* (1953), *Le Voyeur* (1955), *La Jalousie* (1957), *Dans le labyrinthe* (1959), etc.

---

1. Alain Robbe-Grillet, *Pour un nouveau roman*, Éditions de Minuit, 1963.

– Michel Butor (né en 1926) en quête, dans ses récits, d'exhaustivité, spatiale ou temporelle, comme le montrent ses quatre romans : *Passage de Milan* (1954), *L'Emploi du temps* (1956), *La Modification* (1957), *Degrés* (1960).

– Nathalie Sarraute (1900-1999), romancière plus personnelle, moins prisonnière des théories, soucieuse de traduire les mouvements internes des consciences (les « tropismes »), ou l'émergence de la parole (la « sous-conversation ») : *Tropismes* (1938), *Martereau* (1953), *Le Planétarium* (1959), *Les Fruits d'or* (1962), etc. Elle est également l'auteur d'*Enfance* (1983), un récit autobiographique écrit dans l'esprit de l'esthétique néo-romanesque.

– Claude Simon (1913-2005), auteur de romans denses, enchevêtrés, désarticulés parfois, sans ponctuation même (*La Route des Flandres*, 1960). De lui également *Le Sacre du printemps* (1954), *Le Palace* (1962), *La Bataille de Pharsale* (1969), *Les Géorgiques* (1981). Il a obtenu le prix Nobel de littérature en 1985.

– Robert Pinget (1919-1997), auteur de longs monologues proches du théâtre et soulignant l'absurdité dérisoire du quotidien : *Graal flibuste* (1956), *L'Inquisitoire* (1962), *Quelqu'un* (*1965*), *Passacaille* (1969).

– Marguerite Duras (1914-1996), créatrice originale et féconde qui peut être rapprochée du Nouveau Roman par l'utilisation faussement neutre de l'anecdotique, le brouillage des voix, la simplicité calculée de l'écriture, le vide pesant du monde et la solitude de l'individu : *Les Petits chevaux de Tarquinia* (1953), *Moderato cantabile* (1958), *Le Ravissement de Lol V. Stein* (1964), etc. Comme Robbe-Grillet elle s'est essayée au cinéma.

On ajouterait d'autres noms comme ceux de Claude Ollier, Claude Mauriac, Jean Ricardou, Jean-Pierre Faye et même Philippe Sollers dont le groupe qu'il forma autour de la revue *Tel Quel* s'est, un moment au moins, inscrit dans la filiation du Nouveau Roman.

Le Nouveau Théâtre

Une époque de renouvellement

Vers le début des années cinquante, c'est-à-dire peu d'années avant la naissance du Nouveau Roman, le théâtre, dont la vitalité s'était affirmée au sortir de la guerre, se renouvelle, répondant aux attentes d'un nouveau public, plus jeune, plus intellectuel et attiré par des formes et des thèmes neufs. De petites salles, de la rive gauche le plus souvent, aux moyens réduits (théâtre des Noctambules, théâtre de Poche, théâtre de la Huchette, théâtre de Babylone, théâtre de Lutèce) se lancent dans une politique audacieuse de création, montant des auteurs peu connus comme Genet, Beckett, Ionesco ou Adamov. Bien d'autres noms pourraient être cités qui se rattacheraient à ce « nouveau théâtre », sans que pour autant on puisse parler d'« école » comme l'explique un spécialiste de théâtre :

> (...) Tous ces écrivains, fort originaux et différents de style autant que d'esprit, ne constituent aucunement une « école ». Ils ont seulement en commun d'appartenir à « l'avant-garde », une catégorie naturellement relative à une époque, à un état de la société, de l'art, de la pensée, que Ionesco définissait « en termes d'opposition et de rupture », comme un esprit de protestation et d'insurrection contre tous les conformismes, hérités ou imposés, esthétiques et idéologiques.
>
> Michel Lioure, *Lire le théâtre moderne*, Nathan, 2002, p. 92.

Ce « Nouveau Théâtre », qu'on appellera aussi parfois « anti-théâtre », ou encore « théâtre de l'absurde », voire « a-théâtre », est servi par des metteurs en scène inventifs, soucieux d'innovation comme Jean-Marie Serreau, Roger Blin, André Reybaz, Georges Vitaly, Jacques Mauclair. Ils gardent en mémoire les pièces de quelques précurseurs originaux comme Jarry, Apollinaire, Cocteau ou Vitrac ; ils ont retenu les anathèmes et les vœux d'Antonin Artaud dont les conférences ont été réunies en 1938 dans un essai fondateur, *Le Théâtre et son double.*

Chronologiquement, l'aventure du Nouveau Théâtre (par commodité, on s'arrêtera à cette désignation) durera environ une quinzaine d'années, entre 1950, date de la création de *La Cantatrice chauve* de Ionesco, et 1965, qui voit la mise en scène de *Comédie* de Beckett par Jean-Marie Serreau. Son déclin, lié à une forme de reconnaissance officielle de l'avant-garde, ne marque pas le retour général au théâtre de tradition – qui d'ailleurs n'a jamais cessé de se jouer, avec souvent plus de succès – mais s'accompagne de l'arrivée d'une nouvelle génération de metteurs en scène qui poursuivent, de manière souvent plus variée et moins provocatrice, le même désir de renouvellement dramatique. Ces continuateurs de l'innovation se nomment Ariane Mnouchkine, Lavelli, Savary, Planchon, Vitez, Chéreau, Bourseiller, Maréchal, etc.

Poétique du Nouveau Théâtre

On peut, au-delà des particularismes, déceler dans ce théâtre quelques constantes qui permettent de le caractériser ; certaines d'entre elles recoupent les tendances du Nouveau Roman, d'autres sont plus originales :

– *le jeu verbal* : la première nouveauté de ce théâtre, c'est de prendre à partie le langage pour le subvertir, le démystifier, en exploiter les ressources ludiques ou poétiques. Ce qu'a constaté la critique :

> Les œuvres de Beckett, de Ionesco, et d'Adamov sont marquées par une réflexion permanente sur le langage, qui leur apparaît le véhicule d'une éternelle méprise plutôt qu'un moyen de communication.
>
> Marie-Claude Hubert, *Langage et corps fantasmé dans le théâtre des années cinquante*, Corti, 1987, p. 173.

Ionesco se moque des faux dialogues de la vie quotidienne, Beckett caricature le vide tragique de la parole, Tardieu exploite les ressources poétiques du langage et Vauthier invente un raté bavard et vaniteux (*Capitaine Bada*). Tous, à leur manière, dénoncent le ressassement, les clichés, les absurdités verbales.

– *l'exhibition du corps* : contrairement à la tradition occidentale et dans l'esprit des recommandations d'Artaud, le langage théâtral cède la priorité au mouvement des corps, à la gestuelle, à l'occupation de l'espace scénique. Le Nouveau Théâtre se caractérise par un discours didascalique abondant, signe de l'importance des jeux de scène et d'une dramaturgie concrète. Le mime, le music-hall, le cirque sont incorporés à l'action dramatique, les objets prennent du sens alors que le décor se réduit au symbolique :

> Il est donc non seulement permis, mais recommandé, de faire jouer les accessoires, faire vivre les objets, animer les décors, concrétiser les symboles. De même que la parole est continuée par le geste, le jeu, la pantomime, qui, au moment où la parole devient insuffisante, se substituent à elle, les éléments scéniques matériels peuvent l'amplifier à leur tour.
>
> Ionesco, *Notes et contre-notes*, « Expérience du théâtre », Gallimard, 1966.

– *dérision et subversion* : ce théâtre refuse tous les modèles idéologiques ou formels. C'est en ce sens qu'il se présente comme un « anti-théâtre » :

> Anti-thématique, anti-réaliste, anti-philosophique, anti-psychologique de boulevard, anti-bourgeois, redécouverte d'un nouveau théâtre libre.
>
> *Ibid.*

En opposition aux pièces politiques ou philosophiques (Sartre, Camus…) le Nouveau Théâtre, en général, s'éloigne du didactisme, de la démonstration ou de l'édification morale. Ce qui ne l'empêche pas de mettre en scène des situations douloureuses ou des incohérences de la société moderne.

– *désespoir et absurde* : le Nouveau Théâtre se plaît à souligner les faiblesses et les médiocrités de la condition humaine. Il choisit comme personnages des clochards, des infirmes ou des fantoches, invente des situations burlesques ou loufoques, démonte les illusions métaphysiques, révèle l'angoisse existentielle devant la mort et, au total, nous installe dans le registre de l'absurde – rejoignant par des voies grinçantes certains courants philosophiques contemporains. Les tyrans débiles de Ionesco ou les vieillards gâteux de Beckett sont les pathétiques spécimens d'une humanité désespérée.

Les auteurs et les œuvres

Trois grands créateurs, Genet, Ionesco et Beckett, dominent le Nouveau Théâtre, mais une dizaine de noms peuvent, par le style ou l'esprit, être rattachés à ce courant.

– Jean Genet (1910-1986) se situe en marge de toutes les écoles. Son théâtre est violent, contestataire, nourrit d'une esthétique de l'outrance, mais il repose sur de vraies intrigues et met en jeu de vrais personnages. Dans *Les Bonnes* (1947) il reprend un fait divers sordide qu'il transforme en danse de mort ; dans *Les Nègres*, « tragédie de la réprobation » (1959), il s'attaque au racisme ; la cible des *Paravents* (1959) est le militarisme et le colonialisme.

– Eugène Ionesco (1909-1994) : né en Roumanie, élevé en France et installé à Paris en 1945, il commence par des pièces assez courtes fondées sur l'absurde et la dérision : *La Cantatrice chauve* (1950), *La Leçon* (1951), *Les Chaises* (1952). Ses pièces suivantes, plus ambitieuses, soulèvent des questions sociales, politiques, métaphysiques (*Rhinocéros*, 1960, *Le Roi se meurt*, 1963).

– Samuel Beckett (1906-1989) : d'origine irlandaise, en même temps auteur de romans (*Murphy*, *Molloy*, *L'Innommable*, *Malone meurt*). Sa pièce *En attendant Godot*, créée par Roger Blin en 1953, fut un choc considérable et consacra sa réputation confirmée par *Fin de partie* (1957), *La Dernière bande* (1958), *Oh ! les beaux jours* (1963).

Les autres noms importants sont Arthur Adamov (1908-1970), d'origine russe, créateur d'un théâtre plus politisé (*L'Invasion*, 1950, *Paolo-Paoli*, 1956) ; Jean Vauthier (1910-1992) dont le théâtre poétique et lyrique est centré autour du personnage haut en couleurs de Bada ; Jean Tardieu (1903-1995), auteur de petites pièces illustrant les absurdités du langage. Deux représentants de ce théâtre appartiennent aussi au Nouveau Roman : Robert Pinget avec *La Lettre morte* (1959) et *La Manivelle* (1960), Marguerite Duras avec *Le Square* (1955) et *India song* (1974). Mériteraient encore de figurer ici : Armand Gatti, Jacques Audiberti, Michel de Ghelderode, Boris Vian, Georges Schéhadé, Romain Weingarten, Fernando Arrabal et quelques autres.

Comme toute avant-garde, le Nouveau Théâtre allait s'épuiser de lui-même, non sans laisser des traces comme l'explique Michel Lioure :

> Si révolutionnaire et provocant qu'il apparût, cet « anti-théâtre » en définitive, était paradoxalement et incontestablement du théâtre. Le bouleversement des structures et des conceptions traditionnelles avait singulièrement ébranlé, mais aussi renouvelé et stimulé, pour un temps, la création théâtrale.
>
> *Op. Cit.*, p. 100.

Nous pourrions, globalement, élargir le propos au Nouveau Roman dont le développement fut contemporain et proche du Nouveau Théâtre. Pourtant, la recherche romanesque a pu déboucher sur des œuvres cryptées, illisibles, enfermées dans leur nature expérimentale et abusivement attachées à la théorie et à la forme. Alors que l'innovation théâtrale, parce qu'elle était plus spectaculaire, plus désireuse de récupérer l'essence dramatique, plus directe et plus drôle, a pu, après des débuts difficiles, conquérir le grand public et ouvrir des perspectives fécondes.

L'Oulipo

Quand la littérature se fait jeu

L'inventaire – forcément incomplet – des mouvements, courants et écoles qui précède pourrait laisser penser que la littérature est une matière morte dont il conviendrait de répartir les restes à l'intérieur de bocaux soigneusement étiquetés. Par chance, l'Oulipo, point ultime de ce parcours, seul groupe littéraire encore actif en ce début de XXIe siècle, vient démentir cette impression. Bien que les intéressés s'en défendent, il ressemble à une « école » parfaitement structurée et aisée à définir. Il fournit également la preuve de la vitalité de certaines démarches collectives ; il montre encore que la dimension ludique n'est pas forcément absente de la recherche littéraire ; il justifie enfin la nécessité des élaborations taxinomiques menées par l'histoire littéraire.

Un groupe bien actuel

La naissance de l'Oulipo peut assez précisément être datée de l'année 1960. Cette année-là, en rupture avec les modes littéraires du moment (engagement sartrien, formalisme du Nouveau Roman), s'est constitué, comme l'explique un des membres actuels

> un petit groupe d'amoureux des lettres qui s'est d'abord appelé Séminaire de Littérature Expérimentale (en abrégé Sélitex), avant de se doter du nom d'Ouvroir de Littérature Potentielle (en abrégé Oulipo).
>
> Marcel Bénabou, « Quarante siècles d'Oulipo », *Le Magazine littéraire*, n° 398, mai 2001, p. 20.

Le nom du groupe s'écrit aussi OuLiPo de façon à souligner davantage la construction acronymique. Le terme « ouvroir » ne vient évidemment pas du verbe « ouvrir », mais de l'ancien verbe « ouvrer » (œuvrer, travailler), et signifie « atelier » ; « potentielle » s'explique par le désir d'explorer les possibles de la littérature.

À l'origine de cette naissance, une rencontre à un colloque de Cerisy-la-Salle consacré à Raymond Queneau et la volonté des deux fondateurs, l'auteur de *Zazie dans le métro* lui-même et François Le Lionnais, un mathématicien « collectionneur de savoirs » qui deviendra le théoricien du groupe, de mettre en commun des recherches sur les contraintes en matière d'écriture. Les premiers membres sont Noël Arnaud, Jacques Bens, Claude Berge, Paul Braffort, Jacques Duchâteau, Latis, Jean Lescure, Jean Quéval, Albert-Marie Schmidt. Ils décident de se retrouver une fois par mois « dans la bonne humeur et dans une certaine discrétion » (M. Bénabou) pour échanger des propositions et des pistes de recherche :

> Depuis le 24 novembre 1960, près de cinq cents réunions se sont tenues sans jamais provoquer l'ennui, sans entamer les enthousiasmes.
>
> Jacques Bens, *Le Magazine littéraire*, *Op. Cit.*, p. 24.

Un peu plus tard, selon le principe de la cooptation, de nouveaux membres rejoindront ou remplaceront les fondateurs ; parmi eux : Jacques Roubaud, Georges Perec, Marcel Bénabou, Jacques Jouet, François Caradec. Par leurs goûts et leur fantaisie (par la présence de Queneau aussi), les oulipiens ont été rattachés au Collège de Pataphysique – bien que leurs motivations soient moins canularesques[1].

Le projet oulipien

Dès le début de son existence, l'Oulipo a refusé les étiquettes :

> 1. Ce n'est pas un mouvement littéraire.
> 2. Ce n'est pas un séminaire scientifique.
> 3. Ce n'est pas de la littérature aléatoire.
>
> « Note de l'éditeur », *La Littérature potentielle*, Gallimard, coll. « Idées », 1973, p. 11.

Le groupe souhaite se consacrer à la recherche littéraire et linguistique, en s'efforçant d'exploiter les ressources des mathématiques. Son objectif est, au moyen de structures et procédures nouvelles, d'élargir le champ de l'expression littéraire.

---

1. Rappelons que la Pataphysique, science parodique inventée par Alfred Jarry, souhaite découvrir « les solutions imaginaires ». Le Docteur Faustroll en est un maître. En souvenir du père d'Ubu s'est créé un Collège de Pataphysique (dont Queneau a fait partie) qui mêle le canular à la subversion et à la recherche.

Contrairement à la littérature aléatoire (ou aux jeux surréalistes) les oulipiens refusent le hasard.

Le principe sera donc de se fixer des contraintes plus ou moins arbitraires afin d'y puiser la ressource de créations originales. Dans un entretien avec Georges Charbonnier, Raymond Queneau précisait la règle oulipienne :

> Le mot « potentiel » porte sur la nature même de la littérature, c'est-à-dire qu'au fond, il s'agit moins de littérature proprement dite que de fournir des formes au bon usage qu'on peut faire de la littérature. Nous appelons littérature potentielle la recherche de formes, de structures nouvelles et qui pourront être utilisées par les écrivains de la façon qui leur plaira.
>
> Reproduit dans *La Littérature potentielle, Op. Cit.*, p. 38.

Moins que l'œuvre achevée, c'est donc le processus créatif qui est visé :

> L'objectif de l'Oulipo, et ceci depuis les premiers jours de son existence, n'est pas de produire de la littérature, mais bien d'explorer les moyens qui peuvent permettre d'être toujours inspiré, d'être toujours en situation de produire.
>
> Paul Fournel, « Les ateliers de l'Oulipo : écrire ici et maintenant », *Le Magazine littéraire, Op. Cit.*, p. 27.

La définition de l'Oulipo se ramène très vite à l'énumération des pratiques d'écriture permettant le texte potentiel. Par exemple :

– *l'analoupisme* ou littérature combinatoire, qui, à partir d'un nombre limité de constituants, dresse les potentialités exhaustives (procédé utilisé par Raymond Queneau dans ses *Cent Mille Milliards de poèmes*, écrits en 1960, avant la fondation du groupe) ;

– *l'homomorphisme* qui utilise des structures existantes pour créer un nouveau texte (à partir d'un poème célèbre par exemple) ;

– *le palindrome*, mot, série de mots, texte qui se lit dans les deux sens ;

– *les manipulations lexicographiques* comme la « méthode lescurienne de S + 7 » : chaque substantif (S) est remplacé par le septième substantif qui le suit dans le dictionnaire ;

– *la littérature définitionnelle* : les mots composant une phrase sont remplacés par les définitions correspondantes empruntées à un dictionnaire.

Bien d'autres contraintes peuvent être imaginées : un texte écrit avec une alternance consonne/voyelle, ou avec des mots commençant par les lettres successives de l'alphabet, ou avec la suppression d'une lettre de l'alphabet, le *lipogramme* (le roman de Perec *La Disparition* est écrit sans recourir à la lettre *e*). Ou encore une littérature fondée sur la récurrence ou la répétition, sur des lois algorithmiques de déplacement, sur la réécriture ou la « traduction », sur la permutation, etc. Dans les réunions mensuelles, pour la rubrique *Création*, les oulipiens sont invités à proposer des contraintes inédites avec leurs résultats. Leur liste est évidemment illimitée.

Philosophie de l'Oulipo

De l'érudition à la rhétorique

Au carrefour de la littérature et des mathématiques, l'Oulipo souhaite introduire dans l'activité d'écriture des règles rigoureuses et parfois scientifiques. Revendiquant l'érudition, l'oulipien aime à se trouver des ancêtres plus ou moins illustres :

> Les poètes alexandrins, les grands Rhétoriqueurs (surtout Jean Molinet, Guillaume Crétin et Jean Meschinot), certains poètes baroques comme Quirinus Kuhlmann, l'ensemble des formalistes russes et notamment Khlebnikov, ainsi que des écrivains comme Raymond Roussel ou Robert Desnos.
>
> Marcel Bénabou, *Le Magazine littéraire, Op. Cit.*, p. 21

Raymond Roussel, en particulier, est considéré comme un « oulipien par anticipation », lui qui explique dans *Comment j'ai écrit certains de mes livres* (1935), les contraintes ludiques de sa création – sauf que Roussel, comme l'écrit Pierre Bazantay, préférait l'œuvre à l'ouvroir et visait « moins le procédé que le résultat. » (*Le Magazine littéraire*, *Op. Cit.*, p. 40). Avant lui, Mallarmé a souhaité manipuler le langage en fonction de règles imposées, puis Michel Leiris et d'autres. On peut même convoquer les auteurs classiques (Racine ?) dans la mesure où ils s'imposaient de rigoureuses lois de composition et d'écriture. L'œuvre de l'écrivain argentin Borges est aussi annexée.

L'instrument essentiel de la recherche oulipienne étant le langage qui, par ses exigences et ses potentialités, féconde la création, on devine qu'elle se situe dans une perspective délibérément rhétoricienne. Quant à l'érudition, elle est la source des références et un garant de légitimité. Queneau a toujours parlé de son « désir de sciences (…), d'érudition (…), de langues… ».

Le refus de l'inspiration

En faisant de la contrainte le ressort de la création verbale et littéraire, l'Oulipo tourne le dos aux théories de type romantique fondées sur le concept de « génie » et sur le mythe de l'inspiration. Sur ce point François Le Lionnais précise la position du groupe :

> Toute œuvre littéraire se construit à partir d'une inspiration (c'est du moins ce que son auteur laisse entendre) qui est tenue à s'accommoder tant bien que mal d'une série de contraintes et de procédures qui rentrent les unes dans les autres comme des poupées russes.
>
> *La Littérature potentielle, Op. Cit.*, p. 20.

Pour l'Oulipo, l'ordre des priorités est inversé : c'est la contrainte qui crée (ou se substitue à) l'inspiration. À ce titre le groupe se présente comme une réunion d'artisans consciencieux qui s'attache à démystifier le lyrisme de l'expression et la vanité de la création. Démarche fondée sur l'humilité « classique », puisqu'elle ramène la littérature à son essence même, la pureté anonyme de l'œuvre :

> La littérature s'accomplit de n'être qu'obéissance à la souveraine transcendance des règles et des nombres. L'auteur n'existe qu'à proportion d'être un modeste continuateur de l'apport de ses devanciers.
>
> Olivier Burgelin, « Esthétique et éthique de l'Oulipo », *Le Magazine littéraire, Op. Cit.*, p. 37.

Poussé à l'extrême, le principe nie l'auteur et interdit l'œuvre. C'est pourquoi la pratique oulipienne est parfois considérée surtout comme un moyen de déblocage de l'expression, un déclencheur de créativité, une propédeutique à l'écriture. Elle rend de précieux services aux habitués des « ateliers d'écriture » et peut même fournir une alternative ou un préalable aux écrits conventionnels de l'école ou de l'université. L'Oulipo est, assure Paul Fournel, « une pédagogie de l'écriture ». Mais en même temps l'Oulipo véhicule une charge subversive puisqu'il ébranle l'édifice institutionnel du panthéon littéraire.

L'œuvre malgré tout

Même si le texte oulipien ne prétend pas, en règle générale, rivaliser avec l'œuvre littéraire, on aurait tort de penser que l'Oulipo s'est limité à produire, depuis sa naissance, de simples ébauches bricolées, éphémères et expérimentales. Le moteur de la contrainte – alimenté par un réel talent personnel – a permis, dans l'esprit du groupe, la création d'œuvres véritables. Même si l'on doit renoncer à mentionner ici, parce que traduits de l'italien, les livres d'Italo Calvino (dont *Si par une nuit d'hiver un voyageur* est une belle réussite oulipienne), même si l'on écarte Queneau (dont l'essentiel de l'œuvre s'est écrit en dehors du mouvement ou avant sa fondation), on doit retenir comme des innovations estimables les livres de Jacques Roubaud, en particulier *E*, recueil de poésies paru en 1967, de Jacques Bens ou, plus récemment, les romans de Jacques Jouet ou d'Anne Garretta.

Mais l'œuvre la plus importante ouvertement inspirée des pratiques oulipiennes est sans conteste celle de Georges Perec (1936-1982), toujours très lue et commentée. À côté de quelques ouvrages de facture plus traditionnelle, Perec donne avec *La Disparition* (1969) et *La Vie mode d'emploi* (1978) la preuve que la virtuosité formelle peut produire une œuvre accomplie. Peut-être dans les jeunes oulipiens (Hervé Le Tellier, Ian Monk, Olivier Salon, Anne Garretta…) se découvrira un nouveau Perec.

Car l'Oulipo, à la différence des autres courants ou écoles présentés dans cet ouvrage, est à la fois vivant – il continue d'exister – et ouvert – ses membres se renouvellent au gré des disparitions et des nouvelles vocations. Ainsi cet ultime groupe littéraire qui scelle la rencontre du panorama diachronique et de l'observation contemporaine, de la plongée chronologique dans le passé et de l'avènement du présent de l'écriture, nous permet de confirmer qu'au-delà des mutations et des avatars, des révoltes et des réactions, des déclins et des regains, le texte écrit, devenu, par la grâce de l'art, œuvre littéraire, transcende les époques et s'inscrit dans la permanence prometteuse des renouvellements.

Bibliographie

Introduction

Gustave LANSON, *Essais de méthode, de critique et d'histoire littéraire*, édité par Henri Peyre, Hachette, 1965.

« Problèmes et méthodes de l'histoire littéraire », *Revue d'Histoire littéraire de la France*, A. Colin, 1974.

Clément MOISAN, *Qu'est-ce que l'histoire littéraire ?*, PUF, coll. « Littérature moderne », 1987.

Anne ARMAND, *L'histoire littéraire, Théories et pratiques*, Bertrand-Lacoste et CRDP Midi-Pyrénées, 1993.

Le Moyen Âge

Les Troubadours

Henri-Irénée MARROU, *Les Troubadours*, Seuil, « Points-Histoire » 1971.

Alfred JEANROY, *La Poésie lyrique des troubadours*, 2 vol. Privat 1934, rééd. Slatkine, 1973.

Les Troubadours, recueil de textes présentés et traduits par René Lavaud er René Nelli, Desclée de Brouwer, 1960, nvlle édition 2000, T. I : L'œuvre épique ; T. II : L'œuvre poétique.

Geneviève BRUNEL-LOBRICHON et Claudie DUHAMEL-AMADO, *Au temps des troubadours, XIIe-XIIIe siècles*, Hachette, 1997.

Le seizième siècle

La Pléiade

Henri CHAMARD, *Histoire de la Pléiade*, Paris, 1939-1940.

Yvonne BELLENGER, *La Pléiade*, Nizet, 1988.

Philippe VAN THIEGHEM et Philippe ADRIEN, *Les grandes doctrines littéraires en France de la Pléiade au Surréalisme*, P.U.F, 1993.

Claude FAISANT, *Mort et résurrection de la Pléiade*, Paris, 1998.

L'Humanisme

Augustin RENAUDET, *Humanisme et Renaissance*, Droz, 1953.

Marie-Dominique LEGRAND, *Lire l'Humanisme*, Dunod, 1995.

Richard CRESCENZO, *Histoire de la littérature française du XVI*[e] *siècle*, Champion, « Unichamp-Essentiel », 2001.

Le dix-septième siècle

Le Baroque

Jean ROUSSET, *La Littérature de l'âge baroque. Circé et le paon*, J. Corti, 1954.

ID., *L'Intérieur et l'Extérieur, Essais sur la littérature et le théâtre du XVII*[e] *siècle*, J. Corti, 1968.

Claude-Gilbert DUBOIS, *Le Baroque, Profondeurs de l'apparence*, Larousse, coll. « Thèmes et textes », 1973.

Victor-Lucien TAPIÉ, *Baroque et classicisme*, Hachette, coll. « Pluriel », 1980.

Odile BIYIDI, *Histoire de la littérature française, XVII*[e] *siècle*, Bordas, 1988.

Bernard CHÉDOZEAU, *Le Baroque*, Nathan, coll. « Fac », 1989.

Bertrand GIBERT, *Le Baroque littéraire français*, Armand Colin, 1997.

Jean-Pierre CHAUVEAU, *Lire le Baroque*, Armand Colin, 2005.

La Préciosité

René BRAY, *La Préciosité et les précieux*, Albin Michel, 1948.

Roger LATHUILLÈRE, *La Préciosité, étude historique et linguistique*, Droz, 1966.

Le Classicisme

Henri PEYRE, *Le Classicisme français*, La Maison française, 1942.

ID., *Qu'est-ce que le classicisme ?*, Nizet, 1965.

René BRAY, *La Formation de la doctrine classique en France*, Nizet, 1963.

Antoine ADAM, *Histoire de la littérature française au XVIIe siècle*, (t. III, IV et V), Donat, 1949-1965.

Pierre CLARAC, « L'Âge classique », *Littérature française*, Arthaud, t. VII, 1969.

Emmanuel BURY, *Le Classicisme*, Nathan, coll. « 128 », 1993.

André BLANC, *Lire le Classicisme*, Dunod, 1995.

Jean ROHOU, *Le Classicisme*, Hachette, 1996.

Alain GÉNETIOT, *Le Classicisme*, PUF, coll. « Quadrige », 2005.

Le dix-huitième siècle

Les Lumières

Robert MAUZI, *L'Idée de Bonheur dans la littérature et la pensée française du XVIIIe siècle*, Armand Colin, 1960.

Jean ERHARD, *L'Idée de nature en France dans la première moitié du XVIIIe siècle*, SEVPEN, 1964.

Jean STAROBINSKI, *L'Invention de la liberté, 1700-1789*, Skira, 1964.

Jean-Marie GOULEMOT, *La Littérature des Lumières*, Bordas, coll. « En toutes lettres », 1989.

Jean DE VIGUERIE, *Histoire et dictionnaire du temps des Lumières*, Laffont, coll. « Bouquins », 1995.

Françoise JURANVILLE, *Le Matin des Lumières*, Armand Colin, coll. « 128 », 1999.

Jean-Jacques TATIN-GOURIER, *Lire les Lumières*, Armand Colin, 2005.

Le Préromantisme

Philippe VAN THIEGHEM, *Le Préromantisme. Étude d'histoire littéraire européenne*, SFELT, 1924-1947.

André MONGLOND, *Le Préromantisme français*, 2 vol., Corti, 1969.

Paul VIALLANEIX (dir.), *Le Préromantisme, hypothèque ou hypothèse*, Colloque de Clermont-Ferrand, Klincksieck, 1975.

Alexander MINSKI, *Le Préromantisme*, Armand Colin, 1998.

Le dix-neuvième siècle

Le Romantisme

Max MILNER et Claude PICHOIS *Le Romantisme*, I et II, *Littérature française*, Arthaud, 1973

Henri PEYRE, *Qu'est-ce que le Romantisme ?*, PUF, coll. « Littérature moderne », 1979.

Philippe VAN THIEGHEM, *Le Romantisme français*, PUF, coll. « Que sais-je ? », 1984.

Christian CHELEBOURG, *Le Romantisme*, Armand Colin, coll. « 128 », 2001.

Jacques BONY, *Lire le Romantisme*, Armand Colin, 2005.

Gérard GENGEMBRE, *Le Romantisme*, Ellipses, 2008.

Bruno VIARD, *Lire les romantiques français*, P.U.F., 2009.

Le Parnasse

Catulle MENDÈS, *Le Mouvement poétique français de 1867 à 1900*, (1902), Slatkine Reprints, 1993.

Guy MICHAUD, *Message poétique du Symbolisme*, Nizet, rééd. 1966.

Pierre MARTINO, *Parnasse et Symbolisme*, Armand Colin, coll. « U2 », 1967.

Florence CAMPA, *Parnasse, Symbolisme, Esprit nouveau*, Ellipses, 1998.

Le Réalisme

CHAMPFLEURY, *Le Réalisme*, textes choisis et présentés par Geneviève et Jean Lacambre, Harmann, coll. « Savoir », 1973.

Jacques-Henry BORNECQUE et Pierre COGNY, *Réalisme et Naturalisme*, Hachette, 1958.

Colette BECKER, *Lire le Réalisme et le Naturalisme*, Armand Colin, 2005.

Le Naturalisme

Pierre MARTINO, *Le Naturalisme français, 1870-1895*, Armand Colin, 1951.

Jacques-Henry BORNECQUE et Pierre COGNY, *Réalisme et Naturalisme*, Hachette, 1958.

Pierre COGNY, *Le Naturalisme*, P.U.F., coll. « Que sais-je ? », 1959.

Yves CHEVREL, *Le Naturalisme*, P.U.F., 1982.

Henri MITTERAND, *Zola et le naturalisme*, P.U.F., coll. « Que sais-je ? », 1986.

Alain PAGÈS, *Le Naturalisme*, P.U.F., coll. « Que sais-je ? », 1989.

David BAGULEY, *Le Naturalisme et ses genres*, Nathan, 1995.

Colette BECKER, *Lire le Réalisme et le Naturalisme*, Armand Colin, 2005.

Le Symbolisme

Guy MICHAUD, *Message poétique du symbolisme*, Nizet, t. I. L'aventure poétique, 1947 ; t. II. L'univers poétique, 1951.

Jean CASSOU *et al.*, *Encyclopédie du Symbolisme*, Somogy, 1979.

Gérard PEYLET, *La Littérature fin de siècle*, Vuibert, coll. « Thémathèque », 1994.

Florence CAMPA, *Parnasse, Symbolisme, Esprit nouveau*, Ellipses, 1998.

Bertrand MARCHAL, *Lire le Symbolisme*, Dunod, 1998.

Sophie DIDIER, Étienne Garcin, *Le Symbolisme*, Ellipses, 2000.

Le Félibrige

P. Ruat, *Le Félibrige*, Conférence prononcée à Marseille le 8 février 1903, éd. P. Ruat et Roumanille, s.d.

Émile Ripert, *Le Félibrige*, Armand Colin, 1924.

René Jouveau, *Histoire du félibrige*, T. I 1876-1914 ; T. II 1941-1941, éd. R. Jouveau, 1970 et 1977.

Marie-Thérèse Jouveau, *Alphonse Daudet, Frédéric Mistral, la Provence et le Félibrige*, Imprimerie Bene, Nîmes, 1980.

Le vingtième siècle

Le Surréalisme

Maurice Nadeau, *Histoire du Surréalisme*, Seuil, coll. « Points », 1945 (rééd.1972).

Id., *Le Roman français depuis la guerre*, Gallimard, coll. « Idées », 1963.

Ferdinand Alquié, *Philosophie du Surréalisme*, Flammarion, 1955.

Gérard Durozoi et Bernard Lecherbonnier, *Le Surréalisme, théories, thèmes techniques*, Larousse, 1971.

Philippe Audoin, *Les Surréalistes*, Seuil, coll. « Écrivains de toujours », 1973.

André Breton, *Manifestes du Surréalisme*, Folio, 1985.

Jacqueline Chénieux-Gendron, *Le Surréalisme*, P.U.F., 1984.

Véronique Bartoli-Anglard, *Le Surréalisme*, Nathan, coll. « Université », 1989.

Philippe Forest, *Le Mouvement surréaliste*, Vuibert, coll. « Thématèque », 1994.

Georges Sebbag, *Le Surréalisme*, Armand Colin, coll. « 128 », 2005.

Trois écoles poétiques

Maurice Bidal, *Les Écrivains de l'Abbaye*, Boivin, 1938.

André Cuisenier, *Jules Romains, l'Unanimisme et « Les Hommes de bonne volonté »*, Flammarion, 1969.

Michel Décaudin, *La Crise des valeurs symbolistes. Vingt ans de poésie française, 1895-1914*, Slatkine, 1981.

Michel Décaudin, *Les Poètes fantaisistes, Anthologie*, Seghers, 1982.

L'École de Rochefort – Particularismes et exemplarité d'un mouvement poétique (1941-1963), Actes du Colloque d'Angers, Presses de l'université d'Angers, 1984.

Jean-Yves Debreuille, *L'École de Rochefort. Théories et pratiques de la poésie 1941-1961*, Presses universitaires de Lyon, 1987.

L'Existentialisme

Jacques Bersani, Michel Autrand, Jacques Lecarme, Bruno Vercier, *La Littérature en France depuis 1945*, Bordas, 1970.

Henri Mitterand, *La Littérature française du XXe siècle*, Armand Colin, coll. « 128 », 2007.

Le Nouveau Roman

Nathalie Sarraute, *L'Ère du soupçon*, Gallimard, coll. « Folio Essais », 1950.

Alain Robbe-Grillet, *Pour un nouveau roman*, Minuit, 1963.

Jean Ricardou, *Problèmes du Nouveau roman*, Seuil, 1967.

Michel Butor, *Essais sur le roman*, Minuit, 1969.

Jean Ricardou, *Le Nouveau roman*, Seuil, 1974.

Françoise Baqué, *Le Nouveau roman*, Bordas, 1972.

Roger-Michel Alleman, *Le Nouveau Roman*, Ellipses, 1996.

Francine Dugast-Portes, *Le Nouveau Roman*, Armand Colin, coll. « Fac », 2005.

Le Nouveau Théâtre

Michel Corvin, *Le Théâtre nouveau en France*, PUF, coll. « Que sais-je ? » 1966.

Geneviève Serreau, *Histoire du Nouveau Théâtre*, Gallimard, coll. « Idées », 1966.

Martin Esslin, *Le Théâtre de l'absurde*, Buchet-Chastel, rééd. 1977.

Emmanuel JACQUART, *Le Théâtre de dérision*, nvlle édition, Gallimard, coll. « Tel », 1998.

Michel LIOURE, *Lire le théâtre moderne*, Nathan, 2002.

Jean-Pierre RYNGAERT, *Lire le théâtre contemporain*, Armand Colin, 2007.

L'Oulipo

Paul FOURNEL, *Clefs pour la littérature potentielle*, Denoël (Dossiers des Lettres nouvelles), 1972.

OULIPO I. La Littérature potentielle, Gallimard, coll. « Idées », 1973.

OULIPO II. Atlas de littérature potentielle, Gallimard, coll. « Idées », 1981.

Marc LAPPRAND, *Poétique de l'Oulipo*, Rodopi, 1998.

Le Magazine littéraire, Numéro spécial, n° 398, mai 2001.

Jacques BENS, *Genèse de l'Oulipo*, Le Castor Astral, 2005.

Index des auteurs

260175 – (I) – (1,3) – OSB 90° – ACT – NDC
Dépôt légal : février 2015

Achevé d'imprimer par Dupli-Print
N° d'impression : 2015013603
www.dupli-print.fr

Imprimé en France